21世纪应用型本科财税系列规划教材

TAX LAW EXPERIMENTS

税法实验教程

王红晓 主编

东北财经大学出版社
Dongbei University of Finance & Economics Press

大连

图书在版编目(CIP)数据

税法实验教程 / 王红晓主编. —大连：东北财经大学出版社，2015.1
(21世纪应用型本科财税系列规划教材)
ISBN 978-7-5654-1745-0

Ⅰ. 税… Ⅱ. 王… Ⅲ. 税法-中国-高等学校-教材 Ⅳ. D922.22

中国版本图书馆CIP数据核字(2014)第277556号

东北财经大学出版社出版
(大连市黑石礁尖山街217号　邮政编码　116025)
教学支持：(0411) 84710309
营 销 部：(0411) 84710711
总 编 室：(0411) 84710523
网　　址：http://www.dufep.cn
读者信箱：dufep@dufe.edu.cn

大连力佳印务有限公司印刷　东北财经大学出版社发行

幅面尺寸：185mm×260mm　　字数：292千字　印张：13 1/4
2015年1月第1版　　　　　2015年1月第1次印刷

责任编辑：孙晓梅　　　　　责任校对：贺　欣
封面设计：冀贵收　　　　　版式设计：钟福建

ISBN 978-7-5654-1745-0
定价：28.00元

◇ 前 言 ◇

为了贯彻教育部、财政部《关于实施高等学校本科教学质量与教学改革工程的意见》和教育部《关于进一步深化本科教学改革，全面提高教学质量的意见》两个文件的精神，适应经济社会发展的需要，进一步转变人才培养模式、教学内容和方法，提高学生的实践能力，广西财经学院组织设立了一批教改课题，"税法实验课程开发与应用"是其中的一项。在课题组成员的共同努力下，通过深入企业搜集资料，整理、提炼素材等艰辛劳动终于完成了《税法实验教程》的编写。

"税法"（或"中国税制"、"国家税收"）是经济、管理类专业的必修课程和基础课程，是一门重点介绍我国税收制度和政策的重要课程，具有很强的实用性、操作性。学校如果在开设 "税法"（或"中国税制"、"国家税收"）之后，再开设一门"税法实验"，将会加深学生对我国税收制度和政策的理解，极大地提高学生对各税种涉税业务的动手实践能力。

《税法实验教程》是在"税法实验课程开发与应用"课题成果的基础上，结合教学实践和最新的税收政策，进行重大修改而成。本书既可以作为高等院校财政、税收、会计等财经专业学习"税法实验"课程的教材，也可以供财税、会计、金融等经济管理干部培训之用。与之配套的实验参考答案同时推出，请登录东北财经大学出版社网站（www.dufep.cn）下载使用。

本书由广西财经学院王红晓教授担任主编，并负责全书的总纂和审定。第一单元由覃庆寅副教授编写；第二单元由韦宁卫副教授编写；第三单元由韦坚副教授编写；第四单元由王红晓教授编写；第五单元由钟芳青老师编写；第六单元由刘镇副教授编写。

由于编者水平有限，书中难免存在错误和不足，恳请读者批评指正；教学中的疑问，也可联系我们，电子邮箱为：wanghx13@126.com。

编 者
2014年10月

◇ 目 录 ◇

第一单元
增值税实验

>> 一、实验目的

1.对增值税纳税企业的各类业务票据进行识别。

2.判断哪些业务应当征收增值税，适用何种税率。

3.根据业务资料计算应纳增值税税额。

4.根据业务资料填制增值税纳税申报表及税收缴款书。

5.根据业务资料进行增值税的涉税会计业务处理。

>> 二、实验要求

1.根据企业的业务资料编制会计分录，并填制"应交税费"明细账，见表1-1。

2.根据计算的应纳增值税税额填制纳税申报表，见表1-2、表1-3、表1-4、表1-5和表1-6。

3.填制增值税税收缴款书，见表1-7。

>> 三、实验资料

（一）企业基本情况

企业名称：南宁银翔股份有限公司

企业注册类型：有限责任公司

法人代表：杨勇军

地址及电话：南宁市友谊路8号 0771-3800000

开户银行及账号：中国建设银行南宁市友谊路分理处 05-54321

经营范围：粮油、食品、饮料的生产与销售

企业法人营业执照、税务登记证如图1-1、图1-2所示。

编号 NO: 20050022

企业法人营业执照

注册号：4501 200500000000

名　　　　称：南宁银翔股份有限公司
住　　　　所：南宁市友谊路8号
法定代表人姓名：杨勇军　　　　注　册　资　本：人民币二千万元
公　司　类　型：有限责任公司　　实　收　资　本：人民币二千万元
经　营　范　围：粮油、食品、
　　　　　　　　饮料的生产与销售

成　立　日　期：二零零五年三月一日
营　业　期　限：　　　　　　　　　　　二〇〇五年三月一日

图1-1　企业法人营业执照

税 务 登 记 证

南 国 税 税字 45000000000 号

纳　税　人　名　称：南宁银翔股份有限公司
法定代表人(负责人)：杨勇军
地　　　　　　　址：南宁市友谊路8号
登 记 注 册 类 型：有限责任公司
经　营　范　围：粮油、食品、饮料的生产与销售
批 准 设 立 机 关：南宁市工商行政管理局
扣　缴　义　务：依法确定

二零零五年三月十日

图1-2　税务登记证

税款所属时期：2014年6月1日至2014年6月30日

填表日期：2014年7月10日

法定代表人：杨勇军

财务主管：刘刚

办税员：陈明

增值税缴纳方式：按月查账征收，自行申报纳税

税务登记号：45000000000

主管税务机关：南宁市国家税务局友谊分局

（二）南宁银翔股份有限公司2014年6月份的业务资料

【业务1-1】6月3日，从粮油贸易公司购进一批原材料玉米，取得增值税专用发票，注明金额和税额分别为125 000元和16 250元，通过银行转账付款141 250元。上述发票已通过税务机关认证，如图1-3、图1-4所示。

广西壮族自治区	增值税专用发票 抵扣联				№ 52255778
45000012345					开票日期：2014年6月3日

购货单位	名　　　称：南宁银翔股份有限公司 纳税人识别号：45000000000 地址、电话：南宁市友谊路8号 0771-3800000 开户行及账号：建行南宁市友谊路分理处 05-54321	密码区	78>>89*/-912568　加密版本：01 -+0153/*568135　00121=//*451 -/*0412　　　　<4563*/15-185 */01-+15156

货物或应税劳务名称	规格型号	单位	数量	单价	金额	税率	税额
玉米		吨	50	2 500.00	125 000.00	13%	16 250.00
合计					125 000.00		16 250.00

价税合计（大写）	⊙壹拾肆万壹仟贰佰伍拾元整	（小写）￥141 250.00

销货单位	名　　　称：广西民生粮油贸易公司 纳税人识别号：45000005678 地址、电话：南宁市天际路6号 0771-2800000 开户行及账号：工行南宁市天际路分理处 05-52222	备注	广西民生粮油贸易公司 45000005678 发票专用章

收款人：张文　　复核：刘志和　　开票人：王强　　销货单位：（章）

国税函（2004）123号广西印刷厂

第二联：抵扣联 购货方扣税凭证

图1-3　购进玉米取得的发票

中国建设银行 转账支票存根
NO 0890030

| 科　　目： |
| 对方科目： |
| 出票日期：2014.06.03 |
| 收　款　人：广西民生粮油贸易公司 |
| 金　　额：￥141 250.00 |
| 用　　途：支付货款 |

单位主管 杨勇军 会计 陈明

本支票支付期10天

中国建设银行　转账支票(桂)　NO 0890030

出票日期（大写）贰零壹肆年零陆月零叁日　付款行名称：建行南宁市友谊路分理处

收款人：广西民生粮油贸易公司　出票人账号：05-54321

人民币（大写）壹拾肆万壹仟贰佰伍拾元整　￥1 4 1 2 5 0 0 0

用途：支付货款

上述款项请从我账户内支付

出票人盖章

科　目
对方科目（贷）
出票日期 2014年06月03日

复核　记账

图1-4　购进玉米的转账支票

【业务1-2】6月4日，从农产品贸易公司购入原料小麦，取得增值税专用发票，注明金额230 000元，税额29 900元；支付给运输公司运费5 000元，取得了货物运输业增值税专用发票。上述款项通过银行转账付讫，上述发票已通过税务机关认证，如图1-5、图1-6、图1-7、图1-8所示。

广西壮族自治区　增值税专用发票　抵扣联

45000012345　No 54321006

开票日期：2014年6月4日

购货单位：名称 南宁银翔股份有限公司　纳税人识别号：45000000000　地址、电话：南宁市友谊路8号 0771-3800000　开户行及账号：建行南宁市友谊路分理处 05-54321

密码区：45-569/5+/-222 -+5656/*<97212 -/*6766+151 */>97-135　加密版本：01 00121=//*467 <4575*/12-477

货物或应税劳务名称	规格型号	单位	数量	单价	金额	税率	税额
小麦		吨	100	2 300.00	230 000.00	13%	29 900.00
合计					230 000.00		29 900.00

价税合计（大写）贰拾伍万玖仟玖佰元整　（小写）￥259 900.00

销货单位：名称 广西光华农产品销售公司　纳税人识别号：45000004744　地址、电话：南宁市南港路16号 0771-5800000　开户行及账号：工行南宁市南港路分理处 06-683399

收款人：陈颖　复核：黄军军　开票人：李惠　销货单位：(章)

图1-5　购进小麦取得的发票

货物运输业增值税专用发票

抵扣联

45000012505

№ 52341006

开票日期：2014年6月4日

承运人及纳税人识别号	南宁运德汽车运输公司 55980000321	密码区	45-438/5+/-222 加密版本：01 -+5656/*<97212 00121=//*467 -/*6766+151 <4575*/12-477 */>97-101
实际受票方及纳税人识别号	南宁银翔股份有限公司 45000000000		

收货人及纳税人识别号	南宁银翔股份有限公司 45000000000	发货人及纳税人识别号	广西光华农产品销售公司 45000004744

起运地、经由、到达地

费用项目及金额	运费 5 000.00	运输货物信息	小麦

合计金额	￥5 000.00	税率	11%	税额	￥550.00	机器编号	589900016432

价税合计（大写）	⊙伍仟伍佰伍拾元整	（小写）￥5 550.00

车种车号	货车 桂A-12345	车船吨位	20	备注
主管税务机关及代码	南宁市国家税务局友谊分局 134220000			

收款人：徐丹　复核人：李洋　开票人：陈强　承运人：（章）

图1-6　支付运费取得的发票

中国建设银行 转账支票（桂）　NO 0890031

中国建设银行
转账支票存根
NO 0890031

科　　目：
对方科目：
出票日期：2014.06.04
收 款 人：广西光华农产品销售公司
金　　额：￥259 900.00
用　　途：支付货款

单位主管 杨勇军　会计 陈明

本支票支付期10天

出票日期（大写）贰零壹肆年零陆月零肆日　付款行名称：建行南宁市友谊路分理处
收款人：广西光华农产品销售公司　出票人账号：05-54321

人民币（大写）	⊙贰拾伍万玖仟玖佰元整	百	十	万	千	百	十	元	角	分
		￥	2	5	9	9	0	0	0	0

用途：支付货款

上列款项请从我账户内支付
出票人盖章

科目
对方科目（贷）
出票日期 2014年06月04日
复核　记账

图1-7　购进小麦的转账支票

中国建设银行　转账支票存根

NO 0890032

科　　目：	
对方科目：	
出票日期：2014.06.04	
收 款 人：南宁运德汽车运输公司	
金　　额：￥5 550.00	
用　　途：支付运费	

单位主管 杨勇军　会计 陈明

本支票支付期10天

中国建设银行　转账支票（桂）　　　NO 0890032

出票日期（大写）贰零壹肆年零陆月零肆日　付款行名称：建行南宁市友谊路分理处

收款人：南宁运德汽车运输公司　出票人账号：05-54321

人民币（大写）	⊙伍仟伍佰伍拾元整	百	十	万	千	百	十	元	角	分
				￥	5	5	5	0	0	0

用途：支付运费

上述款项确认

我账户内支付

出票人盖章

科　目

对方科目（贷）

出票日期 2014 年 06 月 04 日

记账

图1-8　支付运费的转账支票

【业务1-3】6月4日，从农业合作社购入食品原料红果，取得普通发票，注明金额7 000元，货款已取现付讫，货已入库，如图1-9、图1-10所示。

广西壮族自治区　国家税务局农产品销售统一发票

发票联

发票代码：4522121225

发票号码：5600045458

购货单位：南宁银翔股份有限公司　税号：　　　2014年6月4日

品名	等级	单位	数量	单价	金　额						
					千	百	十	元	角	分	
红果	Ⅱ	吨	10	700.00	7	0	0	0	0	0	
金额(大写)		柒仟零佰零拾零元零角零分			￥7 000.00						
计算抵扣进项税额	计税金额	7 000.00	扣除率	13 %	税额	910.00					
备　注											

第二联：付款方收执

开票单位盖章　　收款人：　　开票人：李文浩

79711769669

图1-9　购进红果取得的发票

中国建设银行
转账支票存根
NO 0650021

科　　　目：	_____
对方科目：	_____
出票日期：	2014.06.04
收 款 人：	武明县双桥镇 农业合作社
金　　额：	￥7 000.00
用　　途：	支付货款

单位主管 杨勇军　会计 陈明

本支票支付期 10 天

中国建设银行　现金支票(桂)　　NO 0650021

出票日期(大写)贰零壹肆年零陆月零肆日　　付款行名称：建行南宁市友谊路分理处
收款人：武明县双桥镇农业合作社　　出票人账号：05-54321

人民币
(大写) ○柒仟元整

百	十	万	千	百	十	元	角	分
		￥	7	0	0	0	0	0

用途：支付货款
上述款项请从
我账户内支付
出票人盖章

科　　目 _____
对方科目(贷) _____
出票日期 2014 年 06 月 04 日

记账

图 1-10　购进红果的现金支票

【业务1-4】6月5日，收到百货商场送来的委托代销清单及代销款项，向百货商场开出增值税专用发票，食用植物油销售额 40 000 元、饮料销售额 56 000 元、面粉销售额 6 000 元；对方按 5% 收取手续费，如图 1-11、图 1-12、图 1-13 所示。

广西壮族
自治区　**增值税专用发票**
记账联

45000012345　　　　　　　　　　　　　　No 12345001

开票日期：2014 年 6 月 5 日

| 购货单位 | 名　　称：南宁万龙百货商场
纳税人识别号：45975325805
地址、电话：南宁秀安路16-5号 0771-5400000
开户行及账号：中行南宁秀安路分理处 6855899 | 密码区 | 57445#5/-76635　加密版本：01
<0153<<445*/31　00121=//*451
-/*65656　　<4563*/15-185
*/01-+57447 |

货物或应税劳务名称	规格型号	单位	数量	单价	金额	税率	税额
食用植物油		瓶	500	80.00	40 000.00	13%	5 200.00
饮料		箱	800	70.00	56 000.00	17%	9 520.00
面粉		斤	3 000	2.00	6 000.00	13%	780.00
合计					102 000.00		15 500.00

| 价税合计(大写) | ○壹拾壹万柒仟伍佰元整 | (小写) ￥117 500.00 |

| 销货单位 | 名　　称：南宁银翔股份有限公司
纳税人识别号：45000000000
地址、电话：南宁市友谊路8号 0771-3800000
开户行及账号：建行南宁市友谊路分理处 05-54321 | 备注 | |

收款人：陈颖　　　复核：　　　开票人：周鹏　　　销货单位：(章)

图 1-11　销售产品开具的发票

广西壮族
自治区　　**地方税务局通用机打发票**

发票代码:1234500000

发票号码:5600011115

付款单位:南宁银翔股份有限公司

开票日期:2014年6月5日

经营项目	金额
代销手续费	5 875.00

合计金额(大写)伍仟捌佰柒拾伍元整　　　　　　　　(小写)5 875.00

机打号码:000000000

税控装置防伪码:GX-01-1234

收款单位(盖章)

图 1-12　支付代销手续费取得的发票

中国建设银行　进账单（回单或收款通知）

交款日期:　2014年06月05日　　　　　　　　　第001号

付款人	全　称	南宁万龙百货商场	收款人	全　称	南宁银翔股份有限公司										
	账　号	6855899		账　号	05-54321										
	开户银行	中行南宁秀安路分理处		开户银行	建行南宁市友谊路分理处										

人民币(大写)	⊙壹拾壹万壹仟陆佰贰拾伍元整	亿	千	百	十	万	千	百	十	元	角	分
			¥	1	1	1	6	2	5	0	0	

票据种类	
票据张数	

中国建设银行广西区分行
友谊路分理处
收款人开户银行盖章
2014.06.05
收讫章

单位主管　　会计　　复核　　记账

图1-13　销售产品的货款进账单

【业务1-5】6月6日，销售货物，开出增值税专用发票，款已存入银行；另向购货方收取包装物押金，开具收款收据。销售上述货物支付运输费，取得货物运输业增值税专用发票，如图1-14、图1-15、图1-16、图1-17、图1-18所示。

广西壮族自治区 增值税专用发票 记账联

45000012345　　　No 12345002

开票日期：2014年6月6日

购货单位	名　称：华联(南宁)超市股份有限公司 纳税人识别号：45320007899 地址、电话：南宁民族路85号 0771-2830000 开户行及账号：工行南宁市民族路分理处 7779989

密码区：88>>12*/-461123 加密版本：01 -+1242/*424422 00121=//*451 -/*763-363*/55 <4563*/15-779 */01-+474531

货物或应税劳务名称	规格型号	单位	数量	单价	金额	税率	税额
方便面		箱	1 500	60.00	90 000.00	17%	15 300.00
休闲食品		箱	3 000	150.00	450 000.00	17%	76 500.00
面粉							
合计					540 000.00		91 800.00

价税合计（大写）	⊙陆拾叁万壹仟捌佰元整	（小写）￥631 800.00

销货单位	名　称：南宁银翔股份有限公司 纳税人识别号：45000000000 地址、电话：南宁市友谊路8号 0771-3800000 开户行及账号：建行南宁市友谊路分理处 05-54321	备注

收款人：施月　　复核：　　开票人：周鹏　　销货单位：(章)

图1-14　销售产品开具的发票

收款收据　　NO 0011580

2014年6月6日

今收到 华联(南宁)超市股份有限公司交来的包装物押金 20 000元。

金额(大写) 零佰零拾贰万零仟零佰零拾零元零角零分

收款单位(盖章)　　　　￥ 20 000.00

内部使用，不作发票

会计 黄梅　　记账　　出纳 刘义　　经手人

图1-15　收取包装物押金开具的收据

中国建设银行 进账单（回单或收款通知）

交款日期：2014年06月06日   第002号

付款人	全　　称	华联(南宁)超市股份有限公司	收款人	全　　称	南宁银翔股份有限公司
	账　　号	7779989		账　　号	05-54321
	开户银行	工行南宁民族路分理处		开户银行	建行南宁市友谊路分理处

人民币	⊙陆拾伍万壹仟捌佰元整	亿	千	百	十	万	千	百	十	元	角	分
(大写)			￥	6	5	1	8	0	0	0	0	0

票据种类	
票据张数	

中国建设银行广西区分行
友谊路分理处
2014.06.06
收款人开户银行盖章
收讫章

单位主管　会计　复核　记账

图1-16　销售产品的货款进账单

货物运输业增值税专用发票

抵 扣 联

45000012505   № 52341010

开票日期：2014年6月6日

承运人及纳税人识别号	南宁运德汽车运输公司 55980000321	密码区	45-438/5+/-222　加密版本：01 -+5656/*<97212　00121=//*467 -/*6766+151　　<4575*/12-477 */>97-101
实际受票方及纳税人识别号	南宁银翔股份有限公司 45000000000		
收货人及纳税人识别号	华联超市股份有限公司 45320007899	发货人及纳税人识别号	南宁银翔股份有限公司 45000000000

起运地、经由、到达地	

费用项目及金额	运费　3 000.00	运输货物信息	食品

合计金额	￥3 000.00	税率	11%	税额	￥3 300.00	机器编号	589900016432

价税合计（大写）	⊙叁万叁仟叁佰元整	（小写）￥33 300.00

车种车号	货车 桂A-12345	车船吨位	20	
主管税务机关及代码	南宁市国家税务局友谊分局 134220000			南宁运德汽车运输公司 55980000321 发票专用章

收款人：徐丹　　　复核人：李洋　　　开票人：陈强　　　承运人（章）

国税函（2004）123号广西印刷厂

第二联：抵扣联　受票方扣税凭证

图1-17　支付运费取得的发票

图 1-18 的转账支票存根与转账支票内容：

中国建设银行 转账支票存根 NO 0890033
- 科 目：＿＿＿＿
- 对方科目：＿＿＿＿
- 出票日期：2014.06.06
- 收 款 人：南宁运德汽车运输公司
- 金　　额：￥33 300.00
- 用　　途：支付运费
- 单位主管 杨勇军　会计 陈明

中国建设银行 转账支票（桂） NO 0890033
- 出票日期（大写）：贰零壹肆年零陆月零陆日
- 付款行名称：建行南宁市友谊路分理处
- 收款人：南宁运德汽车运输公司
- 出票人账号：05-54321
- 人民币（大写）：⊙叁万叁仟叁佰元整　￥33 300.00
- 用途：支付运费
- 上述款项请我账户内支付
- 科 目＿＿＿＿
- 对方科目（贷）＿＿＿＿
- 出票日期 2014 年 06 月 06 日
- 本支票支付期 10 天

图 1-18　支付运费的转账支票

【业务 1-6】6月6日，购进纸箱，取得增值税专用发票抵扣联，如图 1-19、图 1-20 所示。

广西壮族自治区 增值税专用发票 抵扣联

- 45000012345　　No 77613379
- 开票日期：2014 年 6 月 6 日

购货单位：
- 名　　称：南宁银翔股份有限公司
- 纳税人识别号：45000000000
- 地址、电话：南宁市友谊路8号 0771-3800000
- 开户行及账号：建行南宁市友谊路分理处 05-54321

密码区：
78>>89*/-912568　加密版本：01
-+0153/*568135　00121=//*451
-/*0412　<4563*/15-185
*/01-+15156

货物或应税劳务名称	规格型号	单位	数量	单价	金额	税率	税额
纸箱	L-01	只	20 000	1.25	25 000.00	17%	4 250.00
纸箱	M-02	只	20 000	0.80	16 000.00	17%	2 720.00
纸箱	X-03	只	20 000	0.60	12 000.00	17%	2 040.00
合计					530 000.00		9 010.00

- 价税合计（大写）：⊙陆万贰仟零佰壹拾元整　（小写）￥62 010.00

销货单位：
- 名　　称：南宁瑞金纸箱制品厂
- 纳税人识别号：45000003697
- 地址、电话：南宁市漓泉路22号 0771-2600012
- 开户行及账号：工行南宁市漓泉路分理处 05-38625

- 收款人：马文革　复核：李志强　开票人：陈东　销货单位：（章）
- 国税函（2004）123号广西印刷厂
- 第二联：抵扣联 购货方扣税凭证

图 1-19　购进纸箱取得的发票

中国建设银行 转账支票存根

NO 0890034

| 科　目：_____ |
| 对方科目：_____ |
| 出票日期：2014.06.06 |
| 收　款　人：南宁瑞金纸箱制品厂 |
| 金　额：￥62 010.00 |
| 用　途：支付货款 |

单位主管 杨勇军 会计 陈明

中国建设银行　转账支票(桂)　　NO 0890034

出票日期（大写）贰零壹肆年零陆月零陆日　付款行名称：建行南宁市友谊路分理处

收款人：南宁瑞金纸箱制品厂　出票人账号：05-54321

| 人民币
(大写) | ⊙陆万贰仟零佰壹拾元整 | 百 | 十 | 万 | 千 | 百 | 十 | 元 | 角 | 分 |
| | | | ￥ | 6 | 2 | 0 | 1 | 0 | 0 | 0 |

用途：支付货款　　　　　　　科　目_____

上述款项请从　　　　　　　对方科目(贷)_____

我账户内支付　　　　　　　出票日期 2014 年 06 月 06 日

出票人盖章　　　　　　　　记账

图 1-20　购进纸箱的转账支票

【业务 1-7】6 月 7 日，将食用植物油 500 瓶按成本价卖给职工，每瓶售价 30 元，同类产品对外不含税售价每瓶 80 元；特制面粉 3 000 斤，每斤生产成本 3 元，全部分给职工作福利，如图 1-21、图 1-22 所示。

产品出库单

NO.123

科目：_____　　　　　日期：2014年6月7日　　　　　对方科目：_____

名　称	单位	数量	单位成本	万	千	百	十	元	角	分	用途
				金　额							
食用植物油	瓶	500	30.00	1	5	0	0	0	0	0	职工购买
特制面粉	斤	3 000	3.00		9	0	0	0	0	0	用于职工福利
合　计				2	4	0	0	0	0	0	

主管：_____　　　会计：陈明　　　质检员：_____　　　保管员：兰小军

图 1-21　内部领用产品出库单

中国建设银行 现金缴款单

缴款单位填写	缴款单位	全 称		南宁银翔股份有限公司										
		开户行	建行南宁市友谊路分理处		账号			05-54321						
	款项来源			职工购货款										
	人民币 (大写) ⊙壹万伍仟元整				百	十	万	千	百	十	元	角	分
						￥	1	5	0	0	0	0	0

银行确认栏	客户号　　币种及金额　　缴款日期　　流水号　　本缴款单金额业已全数收讫 收款员签章	中国建设银行广西区分行 友谊路分理处 2014.06.07 开户银行盖章 现金收讫章

图 1-22　向职工销售产品的现金缴款单

【业务 1-8】6 月 9 日，购进生产设备一台，取得增值税专用发票抵扣联，如图 1-23、图 1-24 所示。

广西壮族自治区 **增值税专用发票** 抵扣联

45000012345　　　　　　　　　　　　　　　　№ 79900137

开票日期：2014 年 6 月 9 日

购货单位	名　　　　称：南宁银翔股份有限公司 纳税人识别号：45000000000 地 址、电 话：南宁市友谊路 8 号 0771-3800000 开户行及账号：建行南宁市友谊路分理处 05-54321	密码区	>>76*/-7911<68　加密版本：01 +/3423/*578711　24575=//*451 -/*3642　　　　<0433*/15-186 */01-+21576

货物或应税劳务名称	规格型号	单位	数量	单价	金额	税率	税额
生产机床		台	1	150 000.00	150 000.00	17%	25 500.00
合计					150 000.00		25 500.00

价税合计（大写）　　⊙壹拾柒万伍仟伍佰元整　　　　　（小写）￥175 500.00

销货单位	名　　　　称：南宁永发机械制造有限公司 纳税人识别号：45000008889 地 址、电 话：南宁市开源路 50 号 0771-3900000 开户行及账号：工行南宁市开源路分理处 05-99999	备注	南宁永发机械制造有限公司 45000008889 发票专用章

收款人：陈春妮　　复核：秦淮　　开票人：何大礼　　销货单位：（章）

国税函 (2004) 123 号广西印刷厂

第二联：抵扣联　购货方扣税凭证

图 1-23　购进设备取得的发票

中国建设银行 转账支票存根 NO 0890035	本支票支付期10天	中国建设银行　转账支票(桂)　NO 0890035

中国建设银行　转账支票存根　NO 0890035

| 科　　目： _____ |
| 对方科目： _____ |
| 出票日期：2014.06.09 |
| 收 款 人：南宁永发机械
制造有限公司 |
| 金　　额：￥175 500.00 |
| 用　　途：支付货款 |
| 单位主管 杨勇军　会计 陈明 |

本支票支付期10天

中国建设银行　　转账支票(桂)　　NO 0890035

出票日期(大写)贰零壹肆年零陆月零玖日　付款行名称：建行南宁市友谊路分理处

收款人：南宁永发机械制造有限公司　出票人账号：05-54321

人民币 (大写)	⊙壹拾柒万伍仟伍佰元整	百	十	万	千	百	十	元	角	分
		￥1	7	5	5	0	0	0	0	0

用途：支付货款

上述款项请从

我账户内支付

出票人盖章

财务专用章

科　　目 _____

对方科目(贷) _____

出票日期 2014 年 06 月 09 日

复核 记账

图 1-24　购进设备的转账支票

【业务1-9】6月10日，销售一批面粉给某院校，开出普通发票，注明销售额56 500元，取得转账支票，款已存入银行，如图1-25、图1-26所示。

广西壮族自治区　国家税务局通用手工发票

记账联

发票代码：4500567890

发票号码：5600000001

付款单位：广西财经学院　　　　　　　　　　　2014年6月10日

品名规格	单位	数量	单价	金　额							备注
				万	千	百	十	元	角	分	
I 级面粉	吨	20	2 825.00	5	6	5	0	0	0	0	
合计人民币 (大写)	伍万陆仟伍佰零拾零元零角零分			5	6	5	0	0	0	0	

收款单位盖章：45000000000　　收款人：施月　　　开票人：周鹏

发票专用章

第三联：收款方记账凭证

图 1-25　销售产品开具的发票

中国建设银行　进账单（回单或收款通知）

交款日期：2014年06月10日　　　　　　　　　　　第003号

付款人	全　称	广西财经学院	收款人	全　称	南宁银翔股份有限公司
	账　号	791333147		账　号	05-54321
	开户银行	建行南宁明秀路分理处		开户银行	建行南宁市友谊路分理处

人民币（大写）	⊙伍万陆仟伍佰元整	亿	千	百	十	万	千	百	十	元	角	分
						¥	5	6	5	0	0	0	0

票据种类

票据张数

单位主管　会计　复核　记账

中国建设银行广西区分行
友谊路分理处
收款人开户
2014.06.10
银行盖章
收讫章

图1-26　销售产品的货款进账单

【业务1-10】6月11日，收到成品仓库开出的产品出库单1份，基建部门领用饮料20箱招待有关人员，如图1-27所示。

产品出库单

NO.124

科目：_____　　日期：2014年6月11日　　对方科目：_____

名　称	单位	数量	单位成本	金　额							用途
				万	千	百	十	元	角	分	
饮料	箱	20	40.00			8	0	0	0	0	用于会议招待
合　计					¥	8	0	0	0	0	

主管：　　　会计：陈明　　　质检员：　　　保管员：兰小军

图1-27　内部领用的产品出库单

【业务1-11】6月11日，支付水费和电费，取得增值税专用发票抵扣联，如图1-28、图1-29、图1-30、图1-31所示。

广西壮族自治区 增值税专用发票 抵扣联										
45000012345								№ 79989376		
								开票日期：2014年6月11日		

购货单位
名　称：南宁银翔股份有限公司
纳税人识别号：45000000000
地址、电话：南宁市友谊路8号　0771-3800000
开户行及账号：建行南宁市友谊路分理处 05-54321

密码区
78>>89*/-912568　加密版本：01
-+0153/*568135　00121=//*451
-/*0412　　　　　<4563*/15-185
*/01-+15156

货物或应税劳务名称	规格型号	单位	数量	单价	金额	税率	税额
自来水		吨	150 000	1.20	180 000.00	6%	10 800.00
合计					180 000.00		10 800.00

价税合计（大写）　⊙壹拾玖万零仟捌佰元整　　　　　（小写）￥190 800.00

销货单位
名　称：南宁市自来水公司
纳税人识别号：45000001387
地址、电话：南宁市江滨路51号　0771-3100000
开户行及账号：工行南宁市江滨路分理处 05-87878
备注

收款人：焦大伟　　复核：吴华　　开票人：刘生　　销货单位：（章）

国税函（2004）123号广西印制厂

第二联：抵扣联　购货方扣税凭证

图1-28　支付水费取得的发票

广西壮族自治区 增值税专用发票 抵广扣联										
45000012345								№ 23137792		
								开票日期：2014年6月11日		

购货单位
名　称：南宁银翔股份有限公司
纳税人识别号：45000000000
地址、电话：南宁市友谊路8号　0771-3800000
开户行及账号：建行南宁市友谊路分理处 05-54321

密码区
02<<73*/-56131　加密版本：01
-+02455/*73446　00121=//*451
-/*1336<2*>　　　<4563*/15-187
*/01-+733

货物或应税劳务名称	规格型号	单位	数量	单价	金额	税率	税额
电		千瓦时	100 000	1.00	100 000.00	17%	17 000.00
合计					100 000.00		17 000.00

价税合计（大写）　⊙壹拾壹万柒仟元整　　　　　（小写）￥117 000.00

销货单位
名　称：南宁市供电局
纳税人识别号：45000004436
地址、电话：南宁市桃花路72号　0771-5500000
开户行及账号：工行南宁市桃花路分理处 05-575855
备注

收款人：李军军　　复核：韦伟　　开票人：陈冬萍　　销货单位：（章）

国税函（2004）123号广西印制厂

第二联：抵扣联　购货方扣税凭证

图1-29　支付电费取得的发票

中国建设银行 转账支票存根 NO 0890036	本支票支付期10天	

中国建设银行 转账支票(桂) NO 0890036

科　　目：＿＿＿＿＿
对方科目：＿＿＿＿＿
出票日期：2014.06.11
收 款 人：南宁市自来水公司
金　　额：￥190 800.00
用　　途：支付水费

单位主管 杨勇军 会计 陈明

出票日期(大写)贰零壹肆年零陆月壹拾壹日　付款行名称:建行南宁市友谊路分理处
收款人：南宁市自来水公司　　　出票人账号：05-54321

人民币(大写)　⊙壹拾玖万零仟捌佰元整

百	十	万	千	百	十	元	角	分
	￥	1	9	0	8	0	0	0	0

用途:支付水费
上述款项请从我账户内支付
出票人盖章

科　目＿＿＿＿＿＿
对方科目(贷)＿＿＿＿＿
出票日期 2014年06月11日
记账

图1-30　支付水费的转账支票

中国建设银行 转账支票存根 NO 0890037	本支票支付期10天	

中国建设银行 转账支票(桂) NO 0890037

科　　目：＿＿＿＿＿
对方科目：＿＿＿＿＿
出票日期：2014.06.11
收 款 人：南宁市供电局
金　　额：￥117 000.00
用　　途：支付电费

单位主管 杨勇军 会计 陈明

出票日期(大写)贰零壹肆年零陆月壹拾壹日　付款行名称:建行南宁市友谊路分理处
收款人：南宁市供电局　　　出票人账号：05-54321

人民币(大写)　⊙壹拾壹万柒仟元整

百	十	万	千	百	十	元	角	分
	￥	1	1	7	0	0	0	0	0

用途:支付水费
上述款项请从我账户内支付
出票人盖章

科　目＿＿＿＿＿＿
对方科目(贷)＿＿＿＿＿
出票日期 2014年06月11日
记账

图1-31　支付电费的转账支票

【业务1-12】6月13日，将自产食用植物油50瓶捐给老人福利院。每瓶单位成本30元，同类产品对外不含税售价每瓶80元，如图1-32所示。

南宁市接受捐赠专用收款收据

2014年6月13日   NO.521

捐赠单位	南宁银翔股份有限公司	捐赠人								
捐赠实物名称	食用植物油	数量		50瓶(500斤)						
人民币 (大写)	⊙肆仟元整	十	万	千	百	十	元	角	分	
					4	0	0	0	0	
外币 (大写)		十	万	千	百	十	元	角	分	

经手人：甘伟强   接受单位(盖章)

图 1-32　捐赠产品取得的收据

【业务 1-13】6月15日，上月委托加工产品完工，本月支付加工费，取得增值税专用发票。另支付往返运输费，取得了货物运输业增值税专用发票。上述费用以转账支票支付，如图1-33、图1-34、图1-35、图1-36所示。

广西壮族自治区 增值税专用发票
抵扣联

45000012345   № 99314699

开票日期：2014年6月15日

购货单位	名　　　称：南宁银翔股份有限公司	密码区	02<<712*/-7400　加密版本：01
	纳税人识别号：45000000000		-+47974/*47974　00121=//*451
	地　址、电话：南宁市友谊路8号　0771-3800000		-/*7318　　　　<4563*/15-188
	开户行及账号：建行南宁市友谊路分理处 05-54321		*/55-+74566

货物或应税劳务名称	规格型号	单位	数量	单价	金额	税率	税额
加工费					30 000.00	17%	5 100.00
合计					30 000.00		5 100.00

价税合计（大写）	⊙叁万伍仟壹佰元整	（小写）￥35 100.00

销货单位	名　　　称：南宁市邕宁县益众食品加工厂	备注
	纳税人识别号：45000003570	
	地　址、电话：邕宁县城关东路2号　0771-4800000	
	开户行及账号：工行南宁市天际路分理处 05-3791564	

收款人：廖辉　　　　复核：莫玉琼　　　　开票人：周云　　　　销货单位：(章)

图 1-33　支付加工费取得的发票

货物运输业增值税专用发票

45000012505

抵扣联

№ 52341035

开票日期：2014年6月15日

承运人及 纳税人识别号	南宁运德汽车运输公司 55980000321	密码区	45-438/5+/-222 加密版本：01 -+5656/*<97200 00121=//*467 -/*6766+151 <4575*/12-400 */>97-155	
实际受票方及 纳税人识别号	南宁银翔股份有限公司 45000000000			
收货人及 纳税人识别号	南宁银翔股份有限公司 45000000000	发货人及 纳税人识别号	邕宁县益众食品加工厂 45000003570	
起运地、经由、到达地				
费用项目及金额	运费 10 000.00	运输货物信息	食品	
合计金额	￥10 000.00 税率 11% 税额 ￥1 100.00		机器编号 589900016432	
价税合计（大写）	⊙壹万壹仟壹佰元整		（小写）￥11 100.00	
车种车号	货车 桂A-12345	车船吨位	20	备注 55980000321 发票专用章
主管税务机关及代码	南宁市国家税务局友谊分局 134220000			

收款人：徐丹　　复核人：李洋　　开票人：陈强　　承运人：（章）

图1-34 支付运费取得的发票

中国建设银行 转账支票存根 NO 0890038	中国建设银行　转账支票（桂）	NO 0890038

中国建设银行 转账支票（桂）　　NO 0890038

出票日期（大写）贰零壹肆年零陆月壹拾伍日　付款行名称：建行南宁市友谊路分理处
收款人：南宁市邕宁县益众食品加工厂　　出票人账号：05-54321

科　　目：_____
对方科目：_____
出票日期：2014.06.15
收款人：南宁市邕宁县益 众食品加工厂
金　额：￥35 100.00
用　途：支费加工费

人民币 （大写）	⊙叁万伍仟壹佰元整	百	十	万	千	百	十	元	角	分
				￥3	5	1	0	0	0	0

用途：支付加工费　　　　　　　　　　科　目_____
上述款项请从　　　　　　　　　　　　对方科目（贷）_____
我账户内支付　　　　　　　　　　　　出票日期 2014年06月15日

出票人签章　　　　　　　　　　　　记账

本支票支付期10天

单位主管 杨勇军　会计 陈明

图1-35 支付加工费的转账支票

中国建设银行 转账支票存根 NO 0890039		中国建设银行　转账支票(桂)　NO 0890039

中国建设银行　转账支票(桂)　NO 0890039

出票日期(大写) 贰零壹肆年零陆月壹拾伍日　付款行名称：建行南宁市友谊路分理处

收款人：南宁运德汽车运输公司　出票人账号：05-54321

人民币 (大写)	⊙壹万壹仟壹佰元整	百	十	万	千	百	十	元	角	分
			¥	1	1	1	0	0	0	0

中国建设银行
转账支票存根
NO 0890039

科　　目：＿＿＿＿＿

对方科目：＿＿＿＿＿

出票日期： 2014.06.15

收　款　人：南宁运德汽车
　　　　　运输公司

金　　额：¥ 11 100.00

用　　途：支付运费

单位主管 杨勇军　会计 陈明

本支票支付期 10 天

用途：支付运费
上述款项请从
我账户内支付

出票人盖章

科　目＿＿＿＿＿
对方科目(贷)＿＿＿＿＿
出票日期 2014年06月15日
复核　　记账

图 1-36　支付运费的转账支票

【业务 1-14】6 月 15 日，购买笔记本电脑 3 台，取得普通发票，如图 1-37、图 1-38
所示。

广西壮族
自治区　国家税务局通用手工发票
发票联

发票代码：1234567890

发票号码：5600075465

付款单位：南宁银翔股份有限公司　　2014年6月15日

品名	单位	数量	单价	金额							备注
				万	千	百	十	元	角	分	
联想笔记本电脑	台	3	6 000.00	1	8	0	0	0	0	0	
合计人民币 (大写)　壹万捌仟零佰零拾零元零角零分				1	8	0	0	0	0	0	

收款单位盖章：　　　收款人：　　　开票人：李丽

第二联：购货方付款凭证

图 1-37　购买电脑取得的发票

中国建设银行　转账支票存根

NO 0890040

科　　目：＿＿＿＿＿＿

对方科目：＿＿＿＿＿＿

出票日期：2014.06.15

收 款 人：南宁市新时代
　　　　　科技有限公司

金　　额：￥18 000.00

用　　途：支付货款

单位主管 杨勇军　会计 陈明

中国建设银行　转账支票（桂）　　　NO 0890040

出票日期（大写）贰零壹肆年零陆月零拾伍日　付款行名称：建行南宁市友谊路分理处

收款人：南宁市新时代科技有限公司　　出票人账号：05-54321

人民币（大写）⊙壹万捌仟元整　　　　　￥1 8 0 0 0 0 0 0

（百十万千百十元角分）

用途：支付货款

上述款项请从我账户内支付

出票人盖章

财务专用章

科　目＿＿＿＿＿＿

对方科目（贷）＿＿＿＿＿

出票日期 2014 年 06 月 15 日

复核 杨勇军 记账

图 1-38　购买电脑的转账支票

【业务 1-15】6 月 17 日，从一小规模纳税人购入食品调味剂一批，取得普通发票，价款 75 000 元，款已通过银行存款支付，如图 1-39、图 1-40 所示。

广西壮族自治区　国家税务局通用手工发票

发票联

国家税务局监制

发票代码：1234567890

发票号码：5600013766

付款单位：南宁银翔股份有限公司　　　　2014 年 6 月 17 日

品名	单位	数量	单价	金额							备注
				万	千	百	十	元	角	分	
食品调味剂	瓶	30	2 500.00	7	5	0	0	0	0	0	
合计人民币（大写）柒万伍仟零佰零拾零元零角零分				7	5	0	0	0	0	0	

南宁市桂香食品有限公司
45000007455
发票专用章

收款单位盖章：　　　收款人：　　　开票人：陈露

第二联：购货方付款凭证

图 1-39　购买食品调味剂取得的发票

中国建设银行 转账支票存根 NO 0890041	
科　　目：_____	
对方科目：_____	
出票日期：2014.06.17	
收 款 人：南宁市桂香食 品有限公司	
金　　额：￥75 000.00	
用　　途：支付货款	
单位主管 杨勇军　会计 陈明	

中国建设银行　转账支票（桂）　　　　　　NO 0890041

出票日期（大写）贰零壹肆年零陆月壹拾柒日　　付款行名称：建行南宁市友谊路分理处

收款人：南宁市桂香食品有限公司　　出票人账号：05-54321

人民币 （大写）	⊙柒万伍仟元整	百	十	万	千	百	十	元	角	分
			￥	7	5	0	0	0	0	0

用途：支付货款

上述款项请从
我账户内支付

出票人盖章

科　　目 _____

对方科目（贷）_____

出票日期 2014 年 06 月 17 日

记账

本支票支付期 10 天

图 1-40　购买食品调味剂的转账支票

【业务 1-16】6 月 17 日，购进轿车一辆，取得机动车销售发票，注明的价款和税款分别为 150 000 元和 25 500 元，用转账支票支付，如图 1-41、图 1-42 所示。

机 动 车 销 售 统 一 发 票

发 票 联

发票代码：1200000779

发票号码：10011120

开票日期：2014 年 6 月 17 日

机打代码	00000000000	税 控 码	78>>89*/-912568　加密版本：01 -+0153/*568135　00121=//*451 -/*0412*/01-+15　<4563*/15-185		
机打号码	123456789				
机器编号	01-123-345				
购货单位(人)	南宁银翔股份有限公司	身份证号/组织机 构代码	58969658-6		
车辆类型	小型汽车	厂牌型号	荣威 550 型	产地	上海
合格证号	1685555	进口证明书号		商检单号	
发动机号码	Tj456792-20	车辆识别代号/车架号码		T25K45MR466	
价税合计	壹拾柒万伍仟伍佰元整		(小写)￥175 500.00		
销货单位名称	广西桂东汽车销售公司			电话	0771-0000000
纳税人识别号	45000000599		账号	999999999999	
地　　址	南宁市江南区 白云大道 65 号	开户银行		中行南宁江南区支行	
增值税率 或征收率	17	增值税额	25 500.00	主管税务 机关及代码	
不含税价	150 000.00	吨位		限乘人数	5

销货单位：(盖章)　　　　　　开票人：杨春

第一联：发票联　购货单位付款凭证（手开无效）

图 1-41　购买小汽车取得的发票

中国建设银行
转账支票存根
NO 0890042

科　　目：	
对方科目：	
出票日期：	2014.06.17
收　款　人：	南宁市桂东汽车销售公司
金　　额：	¥175 500.00
用　　途：	支付货款

单位主管 杨勇军　会计 陈明

本支票支付期10天

中国建设银行　转账支票（桂）　NO 0890042

出票日期（大写）贰零壹肆年零陆月壹拾柒日　付款行名称：建行南宁市友谊路分理处

收款人：南宁市桂东汽车销售公司　出票人账号：05-54321

人民币（大写）	百	十	万	千	百	十	元	角	分
⊙壹拾柒万伍仟伍佰元整	¥	1	7	5	5	0	0	0	0

用途：支付货款　科　目

上述款项请从　对方科目（贷）

我账户内支付　出票日期 2014年06月17日

出票人盖章　复核　记账

南宁银翔股份有限公司 财务专用章　杨勇军印

图表1-42　购买小汽车的转账支票

【业务1-17】6月20日，向农户收购农产品，取得农产品收购发票，如图1-43、图1-44、图1-45、图1-46所示。

广西壮族自治区 国家税务局农产品收购统一发票

记账联

发票代码：130000055

2014年6月20日　发票号码：1100077711

出售人姓名	李大海	身份证号	100000000000000000
电话		地址	南宁市上尧乡石洞村

品名	等级	单位	数量	单价	金额 万	千	百	十	元	角	分
花生		吨	20	3 600.00	7	2	0	0	0	0	0

金额(大写)	柒万贰仟零佰零拾零元零角零分		¥72 000.00			
计算抵扣进项税额	计税金额	72 000.00	扣除率	13 %	税额	9 360.00
备　注	500000000					

第四联　开票方记账凭证

开票单位盖章（南宁银翔股份有限公司 发票专用章）　付款人：　开票人：周鹏

图1-43　收购农产品开具的农产品收购发票（一）

广西壮族自治区	国家税务局农产品收购统一发票												

记 广账 联

发票代码：130000055

2014年6月20日

发票号码：1100077712

出售人姓名	陈小红	身份证号		200000000000000000								
电话		地址		南宁市上尧乡石洞村								

品 名	等级	单位	数量	单价	金额							
					万	千	百	十	元	角	分
鲜橙		吨	10	2 000.00	2	0	0	0	0	0	0

金额(大写)	贰万零仟零佰零拾零元零角零分		￥20 000.00			
计算抵扣进项税额	计税金额	20 000.00	扣除率	13 %	税额	2 600.00
备注 45000000000						

开票单位盖章   付款人：   开票人：周鹏

第四联 开票方记账凭证

图 1-44 收购农产品开具的农产品收购发票(二)

中国建设银行转账支票存根 NO 0650022	中国建设银行 现金支票(桂)										NO 0650022
	出票日期（大写）贰零壹肆年零陆月贰拾日			付款行名称：建行南宁市友谊路分理处							
	收款人：李大海			出票人账号：05-54321							

科 目：_____	本支票支付期10天	人民币（大写）⊙柒万贰仟元整	百	十	万	千	百	十	元	角	分
对方科目：_____					￥	7	2	0	0	0	0	0
出票日期：2014.06.20		用途：支付货款	科 目_____								
收 款 人：李大海		上述款项请从我账户内支付	对方科目(贷)_____								
金 额：￥72 000.00			出票日期 2014年06月20日								
用 途：支付货款		出票人盖章 ★	记账								
单位主管 杨勇军 会计 陈明											

图 1-45 收购农产品开具的现金支票(一)

中国建设银行 转账支票存根 NO 0650023		中国建设银行　现金支票(桂)	NO 0650023

中国建设银行　现金支票(桂)　　　　NO 0650023

出票日期(大写)：贰零壹肆年零陆月贰拾日　　付款行名称：建行南宁市友谊路分理处
收款人：陈小红　　　　　　　　　　　　　　出票人账号：05-54321

中国建设银行
转账支票存根
NO 0650023

科　　目：_____

对方科目：_____

出票日期：2014.06.20

收款人：陈小红

金　　额：￥20 000.00

用　　途：支付货款

单位主管 杨勇军　会计 陈明

本支票支付期10天

人民币 (大写)	⊙贰万元整	百	十	万	千	百	十	元	角	分
			￥	2	0	0	0	0	0	0

用途：支付货款

上述款项请从
我账户内支付

出票人盖章　★

科　　目_____

对方科目(贷)_____

出票日期 2014 年 06 月 20 日

记账

图1-46　收购农产品开具的现金支票(二)

【业务1-18】6月20日，代销葡萄酒，开具增值税专用发票，如图1-47、图1-48所示。

广西壮族
自治区

增值税专用发票

记账联

45000012345　　　　　　　　　　　　　　　　　　　　　No 12345003

开票日期：2014 年 6 月 20 日

购货单位	名　　称：南宁市便民百货公司 纳税人识别号：45320007991 地址、电话：南宁宝强路8号 0771-2850000 开户行及账号：工行南宁市宝强路分理处 7888134	密码区	05>>12*/-461+8　加密版本：01 -+1242/*42<*22　00121=//*451 -/*763-363*/55　<4563*/15-780 */01-+48766

货物或应税劳务名称	规格型号	单位	数量	单价	金额	税率	税额
葡萄酒	6×600ML	箱	200	300.00	60 000.00	17%	10 200.00
合计					60 000.00		10 200.00

价税合计(大写)	⊙柒万零贰佰元整	(小写) ￥70 200.00

销货单位	名　　称：南宁银翔股份有限公司 纳税人识别号：45000000000 地址、电话：南宁市友谊路8号 0771-3800000 开户行及账号：建行南宁市友谊路分理处 05-54321	备注	

收款人：施月　　复核：　　　开票人：周鹏　　　销货单位：(章)

国税函(2004)123号广西印制厂

第三联：记账联　销货方记账凭证

图1-47　代销葡萄酒开具的发票

中国建设银行 进账单（回单或收款通知）

交款日期：2014年06月20日 第004号

付款人	全　称	南宁市便民百货公司	收款人	全　称	南宁银翔股份有限公司
	账　号	7888134		账　号	05-54321
	开户银行	工行南宁宝强路分理处		开户银行	建行南宁市友谊路分理处

		亿	千	百	十	万	千	百	十	元	角	分
人民币（大写）	⊙柒万零贰佰元整					￥7	0	2	0	0	0	0

票据种类

票据张数

中国建设银行广西区分行
友谊路分理处
2014.06.20
收款人开户银行盖章
收讫章

单位主管　会计　复核　记账

图1-48　代销葡萄酒的货款进账单

【业务1-19】6月22日，销售自己使用过的货车，原值120 000元，已提折旧30 000元，售价76 050元。开出普通发票，款已存入银行，如图1-49、图1-50、图1-51所示。

广西壮族自治区　国家税务局通用手工发票

记账联

国家税务局监制

发票代码：4500567890

发票号码：5600000002

付款单位：南宁通用机械厂

2014年6月22日

品名规格	单位	数量	单价	金　额							备注
				万	千	百	十	元	角	分	
小型货车	辆	1	76 050.00	7	6	0	5	0	0	0	
合计人民币（大写）　柒万陆仟零伍拾零元零角零分				7	6	0	5	0	0	0	

收款单位盖章：南宁银翔股份有限公司 45000000000 发票专用章　收款人：施月　开票人：周鹏

第三联：收款方记账凭证

图1-49　销售旧货车开具的发票

中国建设银行 进账单（回单或收款通知）

交款日期：2014年06月22日　　　　　　　　　　第004号

付款人	全　　称	南宁通用机械厂	收款人	全　　称	南宁银翔股份有限公司
	账　　号	05-166545		账　　号	05-54321
	开户银行	建行南宁明秀路分理处		开户银行	建行南宁市友谊路分理处

人民币（大写）	○柒万陆仟零伍拾元整	亿	千	百	十	万	千	百	十	元	角	分
					￥	7	6	0	5	0	0	0

票据种类	
票据张数	

中国建设银行广西区分行
友谊路分理处

收款人开户银行盖章
收讫章
2014.06.22

单位主管　　会计　　复核　　记账

图1-50　销售旧货车的银行进账单

机动车销售统一发票

发票联

国家税务局监制

开票日期：2014年6月10日

发票代码：1100000665
发票号码：5600074661

机打代码	00000000000	税控码	1189>>*/-71545　加密版本:01
机打号码	444913333		-+016/*568//35　00121=//*451
机器编号	01-123-776		-/*0666*/01+15　<4563*/15-185

购货单位(人)	南宁银翔股份有限公司	身份证号/组织机构代码	58969658-6		
车辆类型	载重货车	厂牌型号	东风200型	产地	湖北
合格证号	27822222	进口证明书号		商检单号	
发动机号码	MU469881-10	车辆识别代号/车架号码		MK33FU5356	
价税合计	壹拾肆万零仟肆佰元整	(小写)￥140 400.00			
销售单位名称	广西东风汽车销售公司		电话	0771-0000000	
纳税人识别号	000000007843	账号		999999999999	
地　址	南宁市秀厢大道75号	开户银行		工行南宁城北区支行	
增值税率或征收率	17%	增值税额	20 400.00	主管税务机关及代码	
不含税价	120 000.00	吨位	5	限乘人数	3

销货单位:(盖章)　东风汽车销售 000000007843 发票专用章　　　　开票人:杨风

第一联：发票联　购货单位付款凭证（手开无效）

图1-51　原购买货车取得的发票

【业务1-20】6月23日，分期收款销售货物，开具增值税专用发票，如图1-52、图1-53、图1-54所示。

图1-52 销售货物开具的发票

图1-53 销售货物的银行进账单

商品购销(分期收款)合同

甲方：南宁方圆百货商场

乙方：南宁银翔股份有限公司

甲、乙双方本着平等互利、协商一致的原则，签订本合同，以资双方信守执行。

第一条 商品名称、种类、规格、单位、数量、单价及合同总金额：

品名	规格	单位	数量	单价	金额
食用植物油		瓶	16 000	80.00	1 280 000.00
饮料		箱	12 000	70.00	840 000.00
方便面		箱	8 000	60.00	480 000.00
合计		⊙贰佰陆拾万元整			2 600 000.00

第二条 付款方式：采用分期付款，甲方在签订合同时支付货款总额的50%；第二次付款25%，最迟付款日期为2014年9月23日；第三次付款25%，最迟付款日期为2014年12月23日。

第三条 发货时间：乙方在收到首期款项后，立即发货。

第四条 发票开具方式：乙方按每次收到的货款金额开具增值税专用发票。

第五条 运输费用负担：由甲方支付运输费以及相关运杂费。

第六条 商品质量标准：商品质量由双方议定。

第七条 违约责任：乙方所发货品有不合规格、质量或霉烂等情况，甲方有权退货，并由乙方赔偿甲方损失。甲方不按本合同约定的时间付款，乙方有权拒绝发货。

甲 方：南宁方圆百货商场（盖章）　　乙 方：南宁银翔股份有限公司（盖章）

法定代表人：周云嘉　（盖章）　　法定代表人：杨勇军　（盖章）

日 期：2014年6月23日（盖章）　　日 期：2014年6月23日（盖章）

图1-54 与购货方签订的分期收款合同

【业务1-21】6月25日，收取仓库租金，开具服务业发票，如图1-55、图1-56所示。

广西壮族自治区 地方税务局通用手工发票

记账联

发票代码：55000112
发票号码：46000070
2014年6月25日

付款单位：南宁市广通商城

项 目 内 容	金 额						备注
	千	百	十	元	角	分	
仓库租金	9	5	0	0	0	0	
合计人民币（大写） 玖仟伍佰零拾零元零角零分 ￥9 500.00							

收款单位名称：(未盖章无效)00000000000
收款单位纳税人识别号：

开票人：周鹏

第三联：记账联

图1-55 出租仓库收取租金开具的发票

中国建设银行 **进账单**（回单或收款通知）

交款日期：2014年06月25日

第006号

付款人	全　　称	南宁市广通商城	收款人	全　　称	南宁银翔股份有限公司											
	账　　号	441136567		账　　号	05-54321											
	开户银行	工行南宁高新区支行		开户银行	建行南宁市友谊路分理处											
人民币（大写）	⊙玖仟伍佰元整				亿	千	百	十	万	千	百	十	元	角	分
								￥	9	5	0	0	0	0
票据种类															
票据张数															
单位主管　会计　复核　记账			中国建设银行广西区分行 友谊路分理处 2014.06.25 收款大开户银行盖章 收讫章													

图1-56 出租仓库取得租金的银行进账单

【业务1-22】6月26日，向海关报关进口货物，取得相关单证，如图1-57、图1-58、图1-59、图1-60所示。

中华人民共和国海关进口货物报关单

纳税人编号：NNYX-79032　　　　　　　　　　　　　　海关编号：×××

进口口岸:南宁口岸	备案号:	进口日期:2014-06-26	申报日期:2014-06-26
经营单位： 南宁银翔股份有限公司	运输方式:江海运输	运输工具名称:	提运单号:
收货单位： 南宁银翔股份有限公司	贸易方式:一般贸易	征免性质:一般征税	征税比例:
许可证号:	起运国:法国	装货港:巴黎	境内目的地:南宁
批准文号:	成交方式:CIF	运费:	保费:	杂费:5 000.00
合同协议号:	件数:	包装种类:	毛重:	净重:
集装箱号:	随附单据:		用途:

标记唛码及备注：

项号	商品编号	商品名称	规格型号	数量及单位	原产国	单价	总价	币制	征免
1	00000000	爱利红酒		250箱	巴黎	200.00	50 000.00	USD	照章征税

税费征收情况				
录入员　　录入单位	兹声明以上申报无讹并承担法律责任		海关审单批注及放行日期(签章) 审单　　　审价
			征税　　　统计
报关员：			
单位地址：	申报单位(盖章)：		查验　　　放行
邮编：　电话：	填制日期：		

图 1-57　进口货物取得的报关单

海关 进口关税 专用缴款书 (0039)

收入系统:海关系统　　　　　填发日期:2014年6月26日　　　　　号码:

收款单位	收入机关	中央金库			缴款单位	名　称	南宁银翔股份有限公司	
	科　目	进口关税				账　号	05-54321	
	收缴国库	中国人民银行南宁支行				开户银行	建行南宁市友谊路分理处	

税　号	货物名称	数量	单位	完税价格	税率	税款金额
00000000	爱利红酒	250	箱	458 150.00	15%	68 722.50

金额人民币	(大写)陆万捌仟柒佰贰拾贰元伍角		(小写)¥68 722.50		
申请单位编号		报关单编号		填制单位	收缴国库
合同(批文)号		运输工具号			
缴款期限	2014年7月11日前	提/装货单号			
备　注	一般贸易 照章征税 2014/06/26 USD 8.33 国标代码				

从填发缴款书之日起限15日内缴纳,逾期不缴按日加收税款总额1‰的滞纳金。

图1-58　进口货物从海关取得的进口关税专用缴款书

海关 进口消费税 专用缴款书 (0039)

收入系统:海关系统　　　　　填发日期:2014年6月26日　　　　　号码:

收款单位	收入机关	中央金库			缴款单位	名　称	南宁银翔股份有限公司	
	科　目	进口消费税				账　号	05-54321	
	收缴国库	中国人民银行南宁支行				开户银行	建行南宁市友谊路分理处	

税　号	货物名称	数量	单位	完税价格	税率	税款金额
0000000	爱利红酒	250	箱	585 413.89	10%	58 541.39

金额人民币	(大写)伍万捌仟伍佰肆拾壹元叁角玖分		(小写)¥58 541.39		
申请单位编号		报关单编号		填制单位	收缴国库
合同(批文)号		运输工具号			
缴款期限	2014年7月11日前	提/装货单号			
备　注	一般贸易 照章征税 2014/06/26 USD 8.33 国标代码				

从填发缴款书之日起限15日内缴纳,逾期不缴按日加收税款总额1‰的滞纳金。

图1-59　进口货物从海关取得的进口消费税专用缴款书

海关 进口增值税 专用缴款书 (0039)

收入系统:海关系统　　　　填发日期:2014年6月26日　　　　号码:

收款单位	收入机关	中央金库	缴款单位	名称	南宁银翔股份有限公司
	科目	进口增值税		账号	0-54321
	收缴国库	中国人民银行南宁支行		开户银行	建行南宁市友谊路分理处

税号	货物名称	数量	单位	完税价格	税率	税款金额
00000000	爱利红酒	250	箱	585 413.89	17%	99 520.36

金额人民币	(大写)玖万玖仟伍佰贰拾元叁角陆分	(小写)¥99 520.36	
申请单位编号		报关单编号		填制单位	收缴国库
合同(批文)号		运输工具号	
缴款期限	2014年7月11日前	提/装货单号	
备注	一般贸易 照章征税 2014/06/26 USD 8.33 国标代码		

从填发缴款书之日起限15日内缴纳,逾期不缴按日加收税款总额1‰的滞纳金。

图1-60 进口货物从海关取得的进口增值税专用缴款书

【业务1-23】6月27日,以物易物,向对方开具了增值税专用发票,也取得了对方开具的增值税专用发票抵扣联,如图1-61、图1-62、图1-63所示。

广西壮族自治区 增值税专用发票 记账联

45000012345　　　　No 12345005

开票日期:2014年6月27日

购货单位	名称:南宁祥云贸易公司 纳税人识别号:45000000799 地址、电话:南宁市青海路1号 0771-4500000 开户行及账号:建行南宁市青海路分理处 05-7889	密码区	581789*/-57652 加密版本:01 -+0153/*56+-42 046456=//*451 -/*0452 <4123*/15-500 */01-+4557

货物或应税劳务名称	规格型号	单位	数量	单价	金额	税率	税额
食用植物油		瓶	1 500	80.00	120 000.00	13%	15 600.00
合计					120 000.00		15 600.00

价税合计(大写)　⊙壹拾叁万伍仟陆佰元整　（小写）¥135 600.00

销货单位	名称:南宁银翔股份有限公司 纳税人识别号:45000000000 地址、电话:南宁市友谊路8号 0771-3800000 开户行及账号:建行南宁市友谊路分理处 05-54321	备注	45000000000 发票专用章

收款人:施月　　复核:　　开票人:周鹏　　销货单位:(章)

图1-61 以物易物向对方开具的发票

广西壮族自治区 **增值税专用发票**

抵 扣 联

45000012345 　　　　　　　　　　　No 36666601

开票日期：2014年6月27日

购货单位	名　称：南宁银翔股份有限公司 纳税人识别号：45000000000 地址、电话：南宁市友谊路8号 0771-3800000 开户行及账号：建行南宁市友谊路分理处 05-54321	密码区	78>>89*/-912568　加密版本:01 -+0153/*568135　00121=//*451 -/*0412　　　<4563*/15-185 */01-+15156

货物或应税劳务名称	规格型号	单位	数量	单价	金额	税率	税额
花生		吨	30	3 500.00	105 000.00	13%	13 650.00
合计					105 000.00		13 650.00

价税合计（大写）　⊙壹拾壹万捌仟陆佰伍拾元整　　　（小写）¥ 118 650.00

销货单位	名　称：南宁祥云贸易公司 纳税人识别号：45000000799 地址、电话：南宁市青海路1号 0771-4500000 开户行及账号：建行南宁市友谊路分理处 05-7889	备注	（南宁祥云贸易公司 发票专用章 45000000799）

收款人：陈立锋　　复核：杨富　　开票人：徐艳红　　销货单位：(章)

第二联：抵扣联 购货方扣税凭证

国税函（2004）123号广西印刷厂

图 1-62　以物易物取得对方开具的发票

中国建设银行 进账单（回单或收款通知）

交款日期：2014年06月27日　　　　　　第007号

付款人	全　称	南宁祥云贸易公司	收款人	全　称	南宁银翔股份有限公司
	账　号	05-7889		账　号	05-54321
	开户银行	建行南宁青海路分理处		开户银行	建行南宁市友谊路分理处

人民币（大写）	⊙壹万陆仟玖佰伍拾元整	亿	千	百	十	万	千	百	十	元	角	分
					¥	1	6	9	5	0	0	0

票据种类

票据张数

单位主管　会计　复核　记账

中国建设银行广西区分行 友谊路分理处 2014.06.27 收款人开户银行盖章 收讫章

图 1-63　取得交换差价的银行进账单

【业务1-24】6月28日，对外提供加工服务。加工玉米粉，开出普通发票，收取加工费5 000元，取得转账支票1张，款已存入银行，如图1-64、图1-65所示。

第三联：收款方记账凭证

广西壮族　国家税务局通用手工发票
自治区　　　记账联

发票代码：4500567890
发票号码：5600000003

付款单位：南宁朝阳大酒店　　　　　　　　　　　2014年6月28日

品名规格	单位	数量	单价	金额							备注
				万	千	百	十	元	角	分	
加工玉米粉	吨	5	1 000.00	5	0	0	0	0	0		
合计人民币（大写）			伍仟零佰零拾零元零角零分	￥	5	0	0	0	0	0	

收款单位盖章：　　　　收款人：施月　　　　开票人：周鹏

图1-64　收取加工费开具的发票

中国建设银行　进账单（回单或收款通知）

交款日期：2014年06月28日　　　　　　　　　　　第008号

付款人	全称	南宁朝阳大酒店	收款人	全称	南宁银翔股份有限公司										
	账号	6365112		账号	05-54321										
	开户银行	工行南宁朝阳路分理处		开户银行	建行南宁市友谊路分理处										
人民币（大写）		○伍仟元整			亿	千	百	十	万	千	百	十	元	角	分
									￥	5	0	0	0	0	0
票据种类															
票据张数															
	单位主管　会计　复核　记账														

中国建设银行广西区分行
友谊路分理处
2014.06.28
收款人开户银行盖章
收讫章

图1-65　收取加工费的银行进账单

【业务1-25】6月29日，上月销售的食用植物油发生销货退回，价款12 000元，增值税1 560元，企业开出红字增值税专用发票，并以银行存款支付，如图1-66、图1-67所示。

广西壮族
自治区　增值税专用发票
记　账　联

45000012345

全国统一 国家税务局监制

№ 12345006

开票日期：2014年6月29日

购货单位	名　　　　称：南宁万达百货公司					密码区	78>>89*/-912568　加密版本:01		
	纳税人识别号：79656560012						-+0153/*568135　00121=//*451		
	地址、电话：南宁民族路36号　0771-2860000						-/*0412　　　　<4563*/15-185		
	开户行及账号：建行南宁市民族路分理处 05-6974						*/01-+15156		

货物或应税劳务名称	规格型号	单位	数量	单价	金额	税率	税额
食用植物油		瓶	-150	80.00	-12 000.00	13%	-1 560.00
合计					-12 000.00		-1 560.00

价税合计（大写）	⊙壹万叁仟伍佰陆拾元整	（小写）￥-13 560.00

销货单位	名　　　　称：南宁银翔股份有限公司		备注	南宁银翔股份有限公司 45000000000 发票专用章
	纳税人识别号：45000000000			
	地址、电话：南宁市友谊路8号　0771-3800000			
	开户行及账号：建行南宁市友谊路分理处 05-54321			

收款人：施月　　　复核：　　　开票人：周鹏　　　销货单位：(章)

国税函（2004）123号广西印刷厂

第三联：记账联　销货方记账凭证

图1-66　销货退回开具的红字（负数）发票

中国建设银行
转账支票存根
NO 0890043

科　　　目：_____
对方科目：_____
出票日期：2014.06.29
收　款　人：南宁万达百货公司
金　　　额：￥13 560.00
用　　　途：退货款

单位主管 杨勇军　会计 陈明

本支票支付期10天

中国建设银行　转账支票（桂）　　NO 0890043

出票日期（大写）贰零壹肆年零陆月贰拾玖日　付款行名称：建行南宁市友谊路分理处
收款人：南宁万达百货公司　　出票人账号：05-54321

人民币（大写）	⊙壹万叁仟伍佰陆拾元整	百	十	万	千	百	十	元	角	分
			￥	1	3	5	6	0	0	0

用途：退货款　　　　　　　　科　目_____
上述款项请从　　　　　　　　对方科目（贷）_____
我账户内支付　　　　　　　　出票日期 2014年06月29日
出票人盖章　　　　　　　　　复核　　记账

南宁银翔股份有限公司 财务专用章

军杨印勇

图1-67　支付退货款的转账支票

【业务1-26】6月30日,以自产食用植物油300瓶,抵偿原欠农产品贸易公司的货款28 000元。开出增值税专用发票,注明价款24 000元,税额3 120元,价税合计27 120元,双方协议不足部分不再结算,如图1-68所示。

广西壮族自治区 **增值税专用发票** 记账联

45000012345　　　　　　　　　　　　　　　No 12345007

开票日期:2014年6月30日

购货单位	名　称:南宁吉达农产品贸易公司 纳税人识别号:45000008135 地　址、电话:南宁市长江路11号 0771-5310000 开户行及账号:工行南宁市长江路分理处 664712	密码区	73669*/-57//52　加密版本:01 -+036/*6146333　046456=//*451 -/*36635　　　<4123*/15-501 */01-+8766

货物或应税劳务名称	规格型号	单位	数量	单价	金额	税率	税额
食用植物油	5L	瓶	300	80.00	24 000.00	13%	3 120.00
合　计					24 000.00		3 120.00

价税合计(大写)	○贰万柒仟壹佰贰拾元整	(小写)¥ 27 120.00

销货单位	名　称:南宁银翔股份有限公司 纳税人识别号:45000000000 地　址、电话:南宁市友谊路8号 0771-3800000 开户行及账号:建行南宁市友谊路分理处 05-54321	备注	

收款人:施月　　复核:　　开票人:周鹏　　销货单位:(章)

图1-68　用产品抵债开具的发票

【业务1-27】6月30日,月末盘存发现上月购进的玉米3 000公斤被盗,账面成本7 800元,如图1-69所示。

存货清查报告单

填报单位:南宁银翔股份有限公司　　　　　　　　　　　日期:2014年6月30日

材料名称	规格型号	计量单位	盘亏数		原因	备注
			数量	单位成本	金额	
外购玉米		公斤	3 000	2.60	7 800.00	被盗	外购玉米和运费均取得增值税专用发票。 运费成本占玉米账面成本的比例为5%
合　计					7 800.00		

会计主管:刘刚　　　　保管员:兰小军　　　　制单:杨帆

图1-69　库存材料被盗的清查报告单

【业务1-28】6月30日，向委托方开具代销清单，结算货款并收取手续费，取得增值税专用发票抵扣联，也开具了手续费发票，如图1-70、图1-71、图1-72所示。

广西壮族自治区 **增值税专用发票**

抵扣联

45000012345 № 44467761

开票日期：2014年6月30日

购货单位	名　　称：南宁银翔股份有限公司	密码区 06>>54*/-13666　加密版本:01 -+5665/*033137　00121=//*451 -/*4643　　　　<4563*/15-200 */01-+6766412
	纳税人识别号：45000000000	
	地址、电话：南宁市友谊路8号 0771-3800000	
	开户行及账号：建行南宁市友谊路分理处 05-54321	

货物或应税劳务名称	规格型号	单位	数量	单价	金额	税率	税额
葡萄酒	6×600ML	箱	200	300.00	60 000.00	17%	10 200.00
合计					60 000.00		10 200.00

价税合计（大写）	○柒万零贰佰元整	（小写）￥70 200.00

销货单位	名　　称：广西长寿酒业有限公司	备注
	纳税人识别号：45000005437	
	地址、电话：北海市海滨路10号 0779-2800000	
	开户行及账号：建行北海市海滨路分理处 05-71421	

收款人：孙文强　　复核：蒙月颖　　开票人：谢兵　　销货单位：（章）

国税函（2004）123号广西印刷厂

第二联：抵扣联 购货方扣税凭证

图1-70　与委托方结算代销款取得的发票

广西壮族自治区 **地方税务局通用手工发票**

记账联

发票代码：55000112

发票号码：46000071

付款单位：广西长寿酒业有限公司　　　　　　　　2014年6月30日

项 目 内 容	金额						备注
	千	百	十	元	角	分	
代销葡萄酒手续费		3	5	1	0	0	0	
合计人民币（大写）	叁仟伍佰壹拾零元零角零分						￥3 510.00

收款单位名称：（未盖章无效）　　开票人：周鹏

收款单位纳税人识别号：

第三联：记账联

图1-71　向委托方收取代销手续费开具的发票

中国建设银行 转账支票存根 NO 0890044		中国建设银行　转账支票(桂)	NO 0890044

中国建设银行
转账支票存根
NO 0890044

科　　目：_____
对方科目：_____
出票日期：2014.06.30
收 款 人：广西长寿酒业
　　　　　有限公司
金　　额：￥66 690.00
用　　途：支付货款
单位主管 杨勇军 会计 陈明

本支票支付期10天

中国建设银行　转账支票(桂)　NO 0890044

出票日期（大写）贰零壹肆年零陆月叁拾日　付款行名称：建行南宁市友谊路分理处
收款人：广西长寿酒业有限公司　出票人账号：05-54321

人民币
（大写）○陆万陆仟陆佰玖拾元整　￥6 6 6 9 0 0 0

用途：支付货款
上述款项请从
我账户内支付

出票人盖章

科　目_____
对方科目(贷)_____
出票日期 2014 年 06 月 30 日
复核　　记账

图 1-72　向委托方支付代销款的银行转账支票

表 1-1

"应交税费——应交增值税"明细账

| 年 | | 凭证号数 | 摘要 | 借方 | | | | | 贷方 | | | | 借或贷 | 余额 |
月	日			进项税额	已交税额	减免税额	出口免抵税额	转出未交增值税	销项税额	出口退税	进项税额转出	转出多交增值税		

续表

年		凭证号数	摘要	借方					贷方				借或贷	余额
月	日			进项税额	已交税额	减免税额	出口免抵税额	转出未交增值税	销项税额	出口退税	进项税额转出	转出多交增值税		

增值税纳税申报表

（适用于增值税一般纳税人）

表1-2

根据《中华人民共和国增值税暂行条例》第二十二条和第二十三条的规定制定本表。纳税人不论有无销售额，均应按主管税务机关核定的纳税期限按期填报本表，并于次月一日起十五日内，向当地税务机关申报。

填表日期： 年 月 日

税款所属时间：自 年 月 日至 年 月 日　　金额单位：元至角分

纳税人识别号					
纳税人名称			注册地址	营业地址	
开户银行及账号				电话号码	
法定代表人姓名 （公章）	企业登记注册类型			所属行业：	

项　目	栏次	一般货物及劳务		即征即退货物及劳务	
		本月数	本年累计	本月数	本年累计
销售额 （一）按适用税率征税货物及劳务销售额	1				
其中：应税货物销售额	2				
应税劳务销售额	3				
纳税检查调整的销售额	4				
（二）按简易征收办法征税货物销售额	5				
其中：纳税检查调整的销售额	6				
（三）免、抵、退办法出口货物销售额	7			—	—
（四）免税货物及劳务销售额	8			—	—
其中：免税货物销售额	9			—	—
免税劳务销售额	10			—	—
税款计算 销项税额	11				
进项税额	12				
上期留抵税额	13		—	—	—
进项税额转出	14				
免抵退货物应退税额	15		—	—	—
按适用税率计算的纳税检查应补缴税额	16			—	—
应抵扣税额合计	17=12+13-14-15+16				
实际抵扣税额	18（如17<11，则为17；否则为11）				
应纳税额	19=11-18				
期末留抵税额	20=17-18			—	—
简易征收办法计算的应纳税额	21				
按简易征收办法计算的纳税检查应补缴税额	22			—	—
应纳税额减征额	23				
应纳税额合计	24=19+21-23				

续表

纳税人识别号						
纳税人名称		法定代表人姓名		注册地址	营业地址	所属行业
开户银行及账号		企业登记注册类型			电话号码	

	项　目	栏次	一般货物及劳务		即征即退货物及劳务	
			本月数	本年累计	本月数	本年累计
	期初未缴税额（多缴为负数）	25				—
	实收出口开具专用缴款书退税额	26		—	—	—
	本期已缴税额	27=28+29+30+31			—	—
	①分次预缴税额	28				
	②出口开具专用缴款书预缴税额	29		—	—	—
税款缴纳	③本期缴纳上期应纳税额	30				
	④本期缴纳欠缴税额	31				
	期末未缴税额（多缴为负数）	32=24+25+26-27			—	—
	其中：欠缴税额（≥0）	33=25+26-27			—	—
	本期应补（退）税额	34=24-28-29	—		—	—
	即征即退实际退税额	35			—	—
	期初未缴查补税额	36			—	—
	本期入库查补税额	37			—	—
	期末未缴查补税额	38=16+22+36-37			—	—

授权声明	如果你已委托代理人申报，请填写下列资料： 为代理一切税务事宜，现授权_____ （地址）为本纳税人的代理申报人，任何与本申报表有关的往来文件，都可寄予此人。 授权人签字：	申报人声明	此纳税申报表是根据《中华人民共和国增值税暂行条例》的规定填报的，我相信它是真实的、可靠的、完整的。 声明人签字：

以下由税务机关填写：

收到日期：　　　　　　接收人：　　　　　　主管税务机关盖章：

增值税纳税申报表附列资料（表一）

（本期销售情况明细组）

税款所属时间： 年 月 日

填表日期： 年 月 日

表1-3

纳税人名称：(公章)　　　　　　　　　　　　　　　　金额单位：元至角分

一、按适用税率征收增值税货物及劳务的销售额和销项税额明细

项目	栏次	应税货物 17%税率			应税货物 13%税率			应税劳务			小计		
		份数	销售额	销项税额	份数	销售额	销项税额	份数	销售额	销项税额	份数	销售额	销项税额
防伪税控系统开具的增值税专用发票	1												
非防伪税控系统开具的增值税专用发票	2												
开具普通发票	3												
未开具发票	4	—			—			—			—		
小计	5=1+2+3+4	—			—			—			—		
纳税检查调整	6	—			—			—			—		
合计	7=5+6	—			—			—			—		

二、简易征收办法征收增值税货物的销售额和应纳税额明细

项目	栏次	6%征收率			4%征收率			小计		
		份数	销售额	应纳税额	份数	销售额	应纳税额	份数	销售额	应纳税额
防伪税控系统开具的增值税专用发票	8									
非防伪税控系统开具的增值税专用发票	9									
开具普通发票	10									

续表

项目	栏次	6%征收率			4%征收率			小计		
		份数	销售额	应纳税额	份数	销售额	应纳税额	份数	销售额	应纳税额
未开具发票	11	—			—			—		
小计	12=8+9+10+11	—			—			—		
纳税检查调整	13	—			—			—		
合计	14=12+13	—			—			—		

三、免征增值税货物及劳务销售额明细

项目	栏次	免税货物			免税劳务			小计		
		份数	销售额	税额	份数	销售额	税额	份数	销售额	税额
防伪税控系统开具的增值税专用发票	15									
开具普通发票	16	—		—	—		—	—		—
未开具发票	17	—		—	—		—	—		—
合计	18=15+16+17									

表1-4 　　　　　　　　增值税纳税申报表附列资料（表二）

（本期进项税额明细）

税款所属时间： 年 月

纳税人名称:(公章)　　　　　　　　　填表日期： 年 月 日　　　　　　金额单位:元至角分

一、申报抵扣的进项税额

项　目	栏次	份数	金额	税额
（一）认证相符的防伪税控增值税专用发票	1			
其中：本期认证相符且本期申报抵扣	2			
前期认证相符且本期申报抵扣	3			
（二）非防伪税控增值税专用发票及其他扣税凭证	4			
其中：17%税率	5			
13%税率或扣除率	6			
10%扣除率	7			
7%扣除率	8			
6%征收率	9			
4%征收率	10			
（三）期初已征税款	11	—	—	
当期申报抵扣进项税额合计	12			

二、进项税额转出额

项目	栏次	税额
本期进项税转出额	13	
其中：免税货物用	14	
非应税项目用	15	
非正常损失	16	
按简易征收办法征税货物用	17	
免、抵、退税办法出口货物不得抵扣进项税额	18	
纳税检查调减进项税额	19	
未经认证已抵扣的进项税额	20	
	21	

三、待抵扣进项税额

项　目	栏次	份数	金额	税额
（一）认证相符的防伪税控增值税专用发票	22	—	—	—
期初已认证相符但未申报抵扣	23			
本期认证相符且本期未申报抵扣	24			
期末已认证相符但未申报抵扣	25			
其中：按照税法规定不允许抵扣	26			
（二）非防伪税控增值税专用发票及其他扣税凭证	27			
其中：17%税率	28			
13%税率及扣除率	29			
10%扣除率	30			
7%扣除率	31			
6%征收率	32			
4%征收率	33			
	34			

四、其他

项　目	栏次	份数	金额	税额
本期认证相符的全部防伪税控增值税专用发票	35			
期初已征税款挂账额	36	—	—	
期初已征税款余额	37	—	—	
代扣代缴税额	38	—	—	

　　注：第1栏=第2栏+第3栏=第23栏+第35栏-第25栏；第2栏=第35栏-第24栏；第3栏=第23栏+第24栏-第25栏；第4栏等于第5栏至第10栏之和；第12栏=第1栏+第4栏+第11栏；第13栏等于第14栏至第21栏之和；第27栏等于第28栏至第34栏之和。

表1-5　　　　　　　　　　增值税纳税申报表附列资料（表三）

（防伪税控增值税专用发票申报抵扣明细）

申报抵扣所属期：　年　　月

纳税人识别号：

纳税人名称(公章)：　　　　　　　填表日期：　年　月　日　　　　　　　　金额单位:元至角分

类别	序号	发票代码	发票号码	开票日期	金额	税额	销货方纳税人识别号	认证日期	备注
本期认证相符且本期申报抵扣									
	小计	—	—				—	—	—
前期认证相符且本期申报抵扣									
	小计	—	—				—	—	—
	合计	—	—				—	—	—

注：本表"金额""合计"栏数据应与"附列资料（表二）"第1栏中"金额"项数据相等；本表"税额""合计"栏数据应与"附列资料（表二）"第1栏中"税额"项数据相等。

表1-6 　　　　　　　　**增值税纳税申报表附列资料（表四）**

（防伪税控增值税专用发票存根联明细）

申报所属期：　年　月

纳税人识别号：　　　　　　　　　　　　　　　　　　　　填表日期：　年　月　日

纳税人名称(公章)：　　　　　　　　　　　　　　　　　　金额单位:元至角分

序号	发票代码	发票号码	开票日期	购货方纳税人识别号	金额	税额	作废标志
合计	—	—	—	—			—

表1-7

中华人民共和国

税收通用缴款书

桂缴　　号

（税收 票证监制章）

注册类型：　　　　　填发日期：　年　月　日　　　　征收机关：

缴款单位	代　　码		预算科目	编　　码	
	全　　称			名　　称	
	开户银行			级　　次	
	账　　号		收款国库		

税款所属时期	年月日至　　年月日	税款限缴日期	年　月　日

品目名称	课税数量	计税金额或销售收入	税率或单位税额	已缴或扣除额	实缴金额										
					亿	千	百	十	万	千	百	十	元	角	分

金额合计（大写）

缴款单位（人）（盖章）经办人（章）	税务机关（盖章）填票人（章）	上列款项已收妥并划转收款单位账户。国库（银行）盖章　　年　月　日	备　注：

逾期不缴按税法规定加收滞纳金。

第二单元
消费税实验

>> 一、实验目的

1.能对消费税纳税企业的各类业务票据进行识别。

2.能判断哪些项目应当征收消费税，适用何种税率。

3.能根据业务资料计算应纳消费税税额。

4.能根据业务资料填制消费税纳税申报表及税收缴款书。

5.能根据业务资料进行消费税的涉税会计业务处理。

>> 二、实验要求

1.根据企业的业务资料编制会计分录。

2.填制消费税纳税申报表，见表2-1。

3.填制消费税税收缴款书，见表2-2。

>> 三、实验资料

(一)企业基本情况

企业名称：南宁酒仙股份有限公司

企业注册类型：股份有限公司

法人代表：丁一

地址及电话：南宁市酒企路9号　0771-3900099

开户银行及账号：中国工商银行南宁市酒企路分理处09-51999

经营范围：白酒、啤酒药酒的生产、销售

企业法人营业执照、税务登记证如图2-1、图2-2所示。

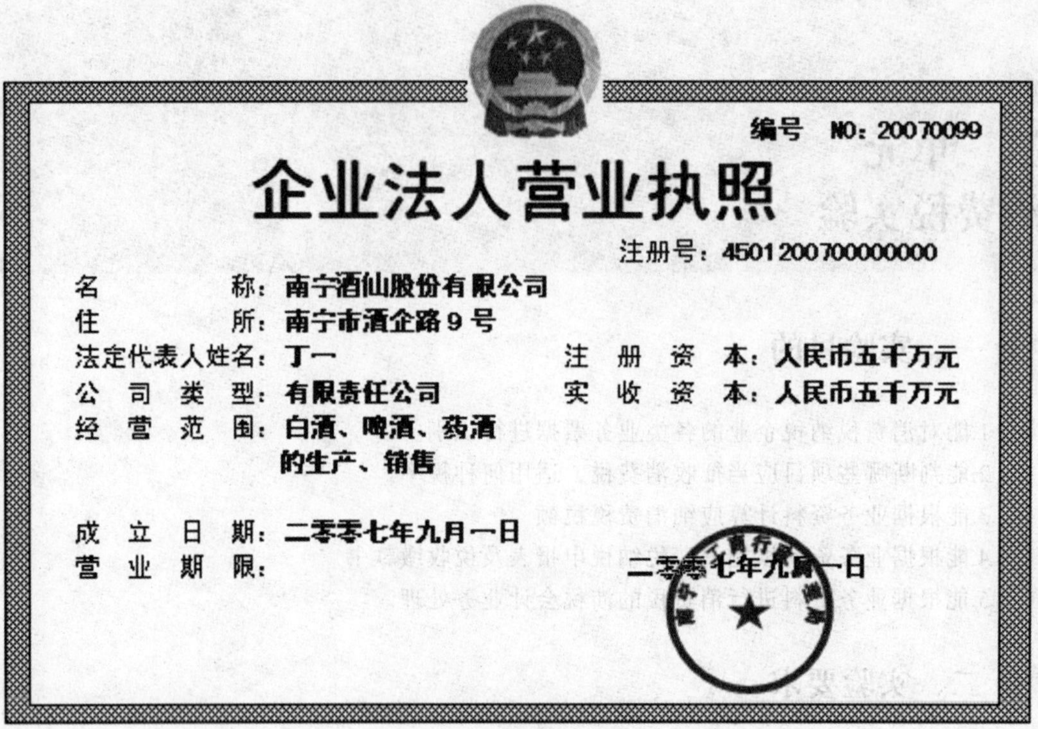

编号　NO：20070099

企业法人营业执照

注册号：450120070000000

名　　　　　称：南宁酒仙股份有限公司

住　　　　　所：南宁市酒企路9号

法定代表人姓名：丁一　　　　注　册　资　本：人民币五千万元

公　司　类　型：有限责任公司　　实　收　资　本：人民币五千万元

经　营　范　围：白酒、啤酒、药酒的生产、销售

成　立　日　期：二零零七年九月一日

营　业　期　限：

二零零七年九月一日

图2-1　企业法人营业执照

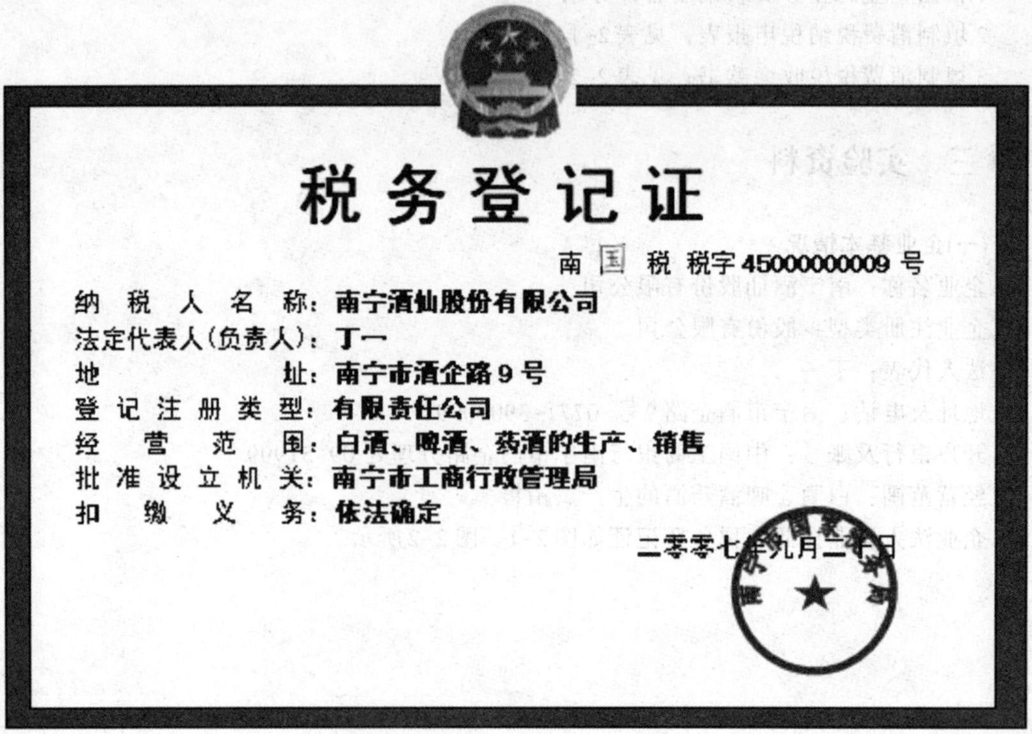

税务登记证

南国税　税字4500000009号

纳　税　人　名　称：南宁酒仙股份有限公司

法定代表人(负责人)：丁一

地　　　　　　　址：南宁市酒企路9号

登　记　注　册　类　型：有限责任公司

经　　营　　范　　围：白酒、啤酒、药酒的生产、销售

批　准　设　立　机　关：南宁市工商行政管理局

扣　　缴　　义　　务：依法确定

二零零七年九月二十日

图2-2　税务登记证

企业2014年1—7月份消费税税额合计：689 560元

税款所属时期：2014年8月1日至2014年8月31日

填表日期：2014年9月10日

法定代表人：丁一

财务主管：韦好

办税员：秦快

消费税缴纳方式：按月查账征收，自行申报纳税

税务登记号：45000000009

主管税务机关：南宁市国家税务局酒企分局

(二) 南宁酒仙股份有限公司2014年8月份的业务资料

【业务2-1】8月1日，销售货物，开具增值税专用发票，如图2-3所示。

广西壮族自治区 增值税专用发票

（全国统一发票监制章 广西 国家税务局监制）

45000000099　　　　　№ 12345001

开票日期：2014年8月1日

购货单位	名　　　称：南宁华西烟酒公司 纳税人识别号：45320000899 地 址、电 话：南宁华西路9号 0771-2820009 开户行及账号：工行南宁市华西路分理处 1239989				密码区	88>>12*/-461123 加密版本:01 -+1242/*424422 00121=//*451 -/*763-363*/55 <4563*/15-779 */01-+474531		
货物或应税劳务名称	规格型号	单位	数量	单价	金额	税率	税额	
酒仙瓶装白酒	12×500克	箱	1 000	600.00	600 000.00	17%	102 000.00	
啤酒		吨	500	3 000.00	1 500 000.00	17%	255 000.00	
合计					2 100 000.00		257 000.00	
价税合计（大写）	⊙贰佰叁拾伍万柒仟元整				（小写）￥2 357 000.00			
销货单位	名　　　称：南宁酒仙股份有限公司 纳税人识别号：45000000009 地 址、电 话：南宁市酒企路9号 0771-3900099 开户行及账号：工行南宁市酒企路分理处 09-51999				备注			

收款人：艾前　　复核：　　开票人：王和　　销货单位：（章）

（印章：南宁酒仙股份有限公司 45000000009 发票专用章）

国税函（2004）123号广西印刷厂

第一联：记账联　销货方记账凭证

图2-3　销售货物开具发票

【业务2-2】8月3日，购进原材料一批（采用实际成本入账），取得增值税专用发票。上述款项通过银行转账付讫，发票已通过税务机关认证，如图2-4、图2-5、图2-6所示。

广西壮族自治区 增值税专用发票 发票联

45010000029 № 62455779

开票日期：2014年8月3日

购货单位	名　　称：南宁酒仙股份有限公司 纳税人识别号：45000000009 地址、电话：南宁市酒企路8号 0771-3900099 开户行及账号：工行南宁市酒企路分理处 09-51999	密码区	78>>89*/-912568 加密版本:01 -+0153/*568135 00121=//*451 -/*0412 <4563*/15-185 */01-+15156

货物或应税劳务名称	规格型号	单位	数量	单价	金额	税率	税额
玉米		吨	150	2 500.00	375 000.00	13%	48 750.00
合计					375 000.00		48 750.00

价税合计（大写）	⊙肆拾贰万叁仟柒佰伍拾元整		（小写）￥423 750.00

销货单位	名　　称：广西民生粮油贸易公司 纳税人识别号：45012345678 地址、电话：南宁市民生路6号 0771-2800000 开户行及账号：工行南宁市民生路分理处 05-52222	备注	广西民生粮油贸易公司 45012345678 发票专用章

收款人：文章　　复核：刘和　　开票人：王好　　　销货单位：（章）

图2-4　购进原材料取得的发票

广西壮族自治区 增值税专用发票 抵扣联

45010000029 № 62455779

开票日期：2014年8月3日

购货单位	名　　称：南宁酒仙股份有限公司 纳税人识别号：45000000009 地址、电话：南宁市酒企路8号 0771-3900099 开户行及账号：工行南宁市酒企路分理处 09-51999	密码区	78>>89*/-912568 加密版本:01 -+0153/*568135 00121=//*451 -/*0412 <4563*/15-185 */01-+15156

货物或应税劳务名称	规格型号	单位	数量	单价	金额	税率	税额
玉米		吨	150	2 500.00	375 000.00	13%	48 750.00
合计					375 000.00		48 750.00

价税合计（大写）	⊙肆拾贰万叁仟柒佰伍拾元整		（小写）￥423 750.00

销货单位	名　　称：广西民生粮油贸易公司 纳税人识别号：45012345678 地址、电话：南宁市民生路6号 0771-2800000 开户行及账号：工行南宁市民生路分理处 05-52222	备注	广西民生粮油贸易公司 45012345678 发票专用章

收款人：文章　　复核：刘和　　开票人：王好　　　销货单位：（章）

图2-5　购进原材料取得的抵扣联

中国工商银行　转账支票(桂)　NO 0990039

中国工商银行
转账支票存根
NO 0890030

出票日期(大写)贰零壹肆年零捌月零叁日　付款行名称:工行南宁市酒企路分理处

收款人:广西民生粮油贸易公司　出票人账号:09-51999

科　目:	摊
对方科目:	财务专用章
出票日期:	2014.08.03
收款人:	广西民生粮油贸易公司
金　额:	¥423 750.00
用　途:	支付货款

人民币(大写)⊙肆拾贰万叁仟柒佰伍拾元整　¥42375000

百十万千百十元角分

本支票付款期10天

用途:支付货款
上述款项请从
我账户内支付
出票人盖章

科　目＿＿＿＿
对方科目(贷)＿＿＿
出票日期 2014年08月03日
复核　记账

单位主管丁一　会计 韦好

财务专用章

图2-6　购进原材料开具的转账支票

【业务2-3】8月4日，购入的原材料入库，如图2-7所示。

材料入库单

NO.100

供应商名称:广西民生粮油贸易公司　验收日期:2014年8月4日　入库单号:0900001

名　称	单位	数量	单价	金　额	备注
玉米	吨	150	2 500.00	375 000.00	
合　计					

主管:　会计:韦好　质检员:刘好　保管员:陆地

图2-7　购入的原材料入库

【业务2-4】8月4日，购入大米，取得增值税专用发票，并支付运输公司运费，取得运输业增值税专用发票。上述款项通过银行转账付讫，上述发票已通过税务机关认证，如图2-8、图2-9、图2-10、图2-11、图2-12、图2-13所示。

广西壮族自治区 **增值税专用发票**

抵扣联

45030000309

№ 54321009

开票日期：2014年8月4日

购货单位	名　　称：南宁酒仙股份有限公司 纳税人识别号：45000000009 地址、电话：南宁市酒企路9号　0771-3900099 开户行及账号：工行南宁市酒企路分理处 09-51999				密码区	45-569/5+/-222　加密版本：01 -+5656/*<97212　00121=//*467 -/*6766+151　　<4575*/12-477 */>97-135		
货物或应税劳务名称	规格型号	单位	数量	单价	金额	税率	税额
大米		吨	200	2 300.00	460 000.00	13%	59 800.00
合计					460 000.00		59 800.00
价税合计（大写）		⊙伍拾壹万玖仟捌佰元整			（小写）￥519 800.00		
销货单位	名　　称：广西粮油食品销售公司 纳税人识别号：45000005555 地址、电话：南宁市民生路16号　0771-5900001 开户行及账号：工行南宁市民生路分理处 05-583300			备注		45000005555 发票专用章		

收款人：韦海　　复核：韦进　　开票人：李歌　　　　销货单位：（章）

图 2-8　购入大米取得的抵扣联

广西壮族自治区 **增值税专用发票**

发票联

45030000309

№ 54321009

开票日期：2014年8月4日

购货单位	名　　称：南宁酒仙股份有限公司 纳税人识别号：45000000009 地址、电话：南宁市酒企路9号　0771-3900099 开户行及账号：工行南宁市酒企路分理处 09-51999				密码区	45-569/5+/-222　加密版本：01 -+5656/*<97212　00121=//*467 -/*6766+151　　<4575*/12-477 */>97-135		
货物或应税劳务名称	规格型号	单位	数量	单价	金额	税率	税额
大米		吨	200	2 300.00	460 000.00	13%	59 800.00
合计					460 000.00		59 800.00
价税合计（大写）		⊙伍拾壹万玖仟捌佰元整			（小写）￥519 800.00		
销货单位	名　　称：广西粮油食品销售公司 纳税人识别号：45000005555 地址、电话：南宁市民生路16号　0771-5900001 开户行及账号：工行南宁市民生路分理处 05-583300			备注		45000005555 发票专用章		

收款人：韦海　　复核：韦进　　开票人：李歌　　　　销货单位：（章）

图 2-9　购入大米取得的发票联

货物运输业增值税专用发票

抵 扣 联

45000012505　　　　　　　　　　　　　　　　　　No 52341006

国家税务局监制

开票日期：2014年8月4日

承运人及纳税人识别号	南宁运全汽车运输公司 66980000329	密码区	45-438/5+/-222 -+5656/*<97212 -/*6766+151 */>97-101	加密版本：01 00121=//*467 <4575*/12-477
实际受票方及纳税人识别号	南宁酒仙股份有限公司 45000000009			
收货人及纳税人识别号	南宁酒仙股份有限公司 45000000009	发货人及纳税人识别号	广西粮油食品销售公司 45000005555	
起运地、经由、到达地				
费用项目及金额	运费　5 000.00	运输货物信息		小米
合计金额	￥5 000.00	税率 11%	税额	￥550.00	机器编号	5899000176543
价税合计（大写）	⊙伍仟伍佰伍拾元整		（小写）￥5 550.00	
车种车号	货车 桂 A-667788	车船吨位	20	备注
主管税务机关及代码	南宁市国家税务局民生分局　134220000			
收款人：王丹　　　复核人：李强　　　开票人：梁华　　　　承运人：（章）				

国税函（2004）123号广西印制

第二联：抵扣联　受票方扣税凭证

南宁运全汽车运输公司 66980000329 发票专用章

图2-10　购入大米支付运费取得的抵扣联

货物运输业增值税专用发票

发 票 联

45000012505　　　　　　　　　　　　　　　　　　No 52341006

国家税务局监制

开票日期：2014年6月4日

承运人及纳税人识别号	南宁运全汽车运输公司 66980000329	密码区	45-438/5+/-222 -+5656/*<97212 -/*6766+151 */>97-101	加密版本：01 00121=//*467 <4575*/12-477
实际受票方及纳税人识别号	南宁酒仙股份有限公司 45000000009			
收货人及纳税人识别号	南宁酒仙股份有限公司 45000000009	发货人及纳税人识别号	广西粮油食品销售公司 45000005555	
起运地、经由、到达地				
费用项目及金额	运费　5 000.00	运输货物信息		大米
合计金额	￥5 000.00	税率 11%	税额	￥550.00	机器编号	5899000176543
价税合计（大写）	⊙伍仟伍佰伍拾元整		（小写）￥5 550.00	
车种车号	货车 桂 A-667788	车船吨位	20	备注
主管税务机关及代码	南宁市国家税务局民生分局　134220000			
收款人：王丹　　　复核人：李强　　　开票人：梁华　　　　承运人：（章）				

国税函（2004）123号广西印制

第三联：发票联　受票方记账凭证

南宁运全汽车运输公司 66980000329 发票专用章

图2-11　购入大米支付运费取得的发票联

图2-12 购进大米支付货款的转账支票

图2-13 购进大米支付运费的转账支票

【业务2-5】8月4日，购入啤酒原料麦秸，取得普通发票，货款开具现金支票付讫，货已入库，如图2-14、图2-15所示。

广西壮族自治区 国家税务局农产品销售统一发票

发票联

发票代码：4522121225

发票号码：5600045458

购货单位：南宁酒仙股份有限公司　　税号：45000000009　　2014年8月4日

品名	等级	单位	数量	单价	金额 千	百	十	元	角	分
麦秸	Ⅱ	吨	10	600.00	6	0	0	0	0	0
金额(大写)	陆仟元整　￥6 000.00									
计算抵扣进项税额	计税金额	6 000.00	扣除率	13 %	税额	780.00				
备　注	79711769669									

第二联：付款方收执

开票单位盖章　　收款人：黎明　　开票人：王文

图2-14　购买麦秸取得的发票

中国工商银行　现金支票(桂)　NO 0660028

中国工商银行转账支票存根

NO 0660028

科　目：	
对方科目：	
出票日期：	2014.08.04
收 款 人：	大鸣县可可乡农业合作社
金　额：	￥6 000.00
用　途：	支付货款

单位主管丁一　会计 韦好

本支票支付期10天

出票日期（大写）贰零壹肆年零捌月零肆日　付款行名称：工行南宁市酒企路分理处

收款人：大鸣县可可乡农业合作社　出票人账号：09-51999

人民币(大写)	百	十	万	千	百	十	元	角	分
⊙陆仟元整			￥	6	0	0	0	0	0

用途：支付货款　　科　目____________

上述款项请从　　对方科目(贷)____________

我账户内支付　　出票日期 2014年08月04日

出票人盖章　　复核　记账

图2-15　购买麦秸开具的现金支票

【业务2-6】8月5日，购入酒瓶，取得增值税专用发票，款未付，如图2-16、图20-17、图2-18、图2-19所示。

广西壮族
自治区
增值税专用发票
抵 广 扣 联

45000000008

№ 545610016

开票日期：2014年8月5日

购货单位	名　　称：南宁酒仙股份有限公司 纳税人识别号：45000000009 地址、电话：南宁市酒企路9号 0771-3900099 开户行及账号：工行南宁市酒企路分理处 09-51999	密码区	45-569/5+/-222　加密版本：01 -+5656/*<97212　00121=//*467 -/*6766+151　<4575*/12-477 */>97-135

货物或应税劳务名称	规格型号	单位	数量	单价	金额	税率	税额
酒瓶		支	500 000	1.00	500 000.00	17%	85 000.00
合计					500 000.00		85 000.00
价税合计（大写）	⊙伍拾捌万伍仟元整				（小写）￥585 000.00		

销货单位	名　　称：广西民生玻璃制品有限公司 纳税人识别号：45000006666 地址、电话：南宁市民生路66号 0771-5900006 开户行及账号：工行南宁市民生路分理处 06-563366	备注	广西民生玻璃制品有限公司 45000006666 发票专用章

收款人：韦笑　　复核：韦刚　　开票人：李进　　　　销货单位：（章）

图 2-16　购买酒瓶取得的抵扣联

广西壮族
自治区
增值税专用发票
发 票 联

45000000008

№ 545610016

开票日期：2014年8月5日

购货单位	名　　称：南宁酒仙股份有限公司 纳税人识别号：45000000009 地址、电话：南宁市酒企路9号 0771-3900099 开户行及账号：工行南宁市酒企路分理处 09-51999	密码区	45-569/5+/-222　加密版本：01 -+5656/*<97212　00121=//*467 -/*6766+151　<4575*/12-477 */>97-135

货物或应税劳务名称	规格型号	单位	数量	单价	金额	税率	税额
酒瓶		支	500 000	1.00	500 000.00	17%	85 000.00
合计					500 000.00		85 000.00
价税合计（大写）	⊙伍拾捌万伍仟元整				（小写）￥585 000.00		

销货单位	名　　称：广西民生玻璃制品有限公司 纳税人识别号：45000006666 地址、电话：南宁市民生路66号 0771-5900006 开户行及账号：工行南宁市民生路分理处 06-563366	备注	广西民生玻璃制品有限公司 45000006666 发票专用章

收款人：韦笑　　复核：韦刚　　开票人：李进　　　　销货单位：（章）

图 2-17　购买酒瓶取得的发票联

货物运输业增值税专用发票

抵扣联

45000012505

№ 52341076

开票日期：2014年8月5日

承运人及纳税人识别号	南宁运全汽车运输公司 66980000329	密码区	45-438/5+/-222 -+5656/*<97212 -/*6766+151 */>97-101	加密版本：01 00121=//*467 <4575*/12-477
实际受票方及纳税人识别号	南宁酒仙股份有限公司 45000000009			
收货人及纳税人识别号	南宁酒仙股份有限公司 45000000009	发货人及纳税人识别号	广西民生玻璃制品有限公司 45000006666	

起运地、经由、到达地			
费用项目及金额	运费 6 000.00	运输货物信息	酒瓶

合计金额	￥6 000.00	税率	11%	税额	￥660.00	机器编号	5899000176543
价税合计（大写）	⊙陆仟陆佰陆拾元整				（小写）￥6 660.00		
车种车号	货车 桂A-667788		车船吨位	20	备注	66980000329 发票专用章	
主管税务机关及代码	南宁市国家税务局民生分局 134220000						

收款人：王丹　　复核人：李强　　开票人：梁华　　承运人（章）

国税函（2004）123号广西印刷厂

第二联：抵扣联　受票方扣税凭证

图2-18　购买酒瓶取得运输增值税专用发票的抵扣联

货物运输业增值税专用发票

发票联

45000012505

№ 52341076

开票日期：2014年8月5日

承运人及纳税人识别号	南宁运全汽车运输公司 66980000329	密码区	45-438/5+/-222 -+5656/*<97212 -/*6766+151 */>97-101	加密版本：01 00121=//*467 <4575*/12-477
实际受票方及纳税人识别号	南宁酒仙股份有限公司 45000000009			
收货人及纳税人识别号	南宁酒仙股份有限公司 45000000009	发货人及纳税人识别号	广西民生玻璃制品有限公司 45000006666	

起运地、经由、到达地			
费用项目及金额	运费 6 000.00	运输货物信息	酒瓶

合计金额	￥6 000.00	税率	11%	税额	￥660.00	机器编号	5899000176543
价税合计（大写）	⊙陆仟陆佰陆拾元整				（小写）￥6 660.00		
车种车号	货车 桂A-667788		车船吨位	20	备注	66980000329 发票专用章	
主管税务机关及代码	南宁市国家税务局民生分局 134220000						

收款人：王丹　　复核人：李强　　开票人：梁华　　承运人（章）

国税函（2004）123号广西印刷厂

第三联：发票联　受票方记账凭证

图2-19　购买酒瓶取得运输增值税专用发票的发票联

【业务2-7】8月6日，销售白酒、啤酒，开具增值税专用发票，收取包装物押金并开具收款收据，款入银行；销售上述货物支付运输费，取得了运输企业增值税专用发票，如图2-20、图2-21、图2-22、图2-23、图2-24、图2-25所示。

广西壮族自治区 增值税专用发票

45000000005　　No 12345002

开票日期：2014年8月6日

| 购货单位 | 名　称：客来利股份有限公司　纳税人识别号：45320007899　地址、电话：南宁民主路88号 0771-2830076　开户行及账号：工行南宁市民主路分理处 8889989 | | | | | 密码区 | 88>>12*/-461123　加密版本：01 -+1242/*424422　00121=//*451 -/*763-363*/55　<4563*/15-779 */01-+474531 |

货物或应税劳务名称	规格型号	单位	数量	单价	金额	税率	税额
酒仙瓶装白酒	12×500克	箱	150	600.00	90 000.00	17%	15 300.00
啤酒		吨	150	3 000.00	450 000.00	17%	76 500.00
合计					540 000.00		91 800.00

价税合计（大写）⊙陆拾叁万壹仟捌佰元整　（小写）￥631 800.00

| 销货单位 | 名　称：南宁酒仙股份有限公司　纳税人识别号：45000000009　地址、电话：南宁市酒企路8号 0771-3800000　开户行及账号：建行南宁市酒企路分理处 09-51999 | 备注 |

收款人：艾前　复核：　开票人：王和　销货单位：（章）

图2-20　销售产品开具的发票

收款收据　NO 0011589

2014年8月6日

今收到 客来利股份有限公司交来的啤酒桶包装物押金50 000元。

金额（大写）人民币伍万零仟零佰零拾零元零角零分

收款单位（盖章）　　￥50 000.00

图2-21　收取包装物押金开具的收据

中国工商银行　进账单（回单或收款通知）

交款日期：2014 年 08 月 06 日　　　　　　　　　第 008 号

付款人	全　　称	客来利股份有限公司	收款人	全　　称	南宁酒仙股份有限公司
	账　　号	8889989		账　　号	09-51999
	开户银行	工行南宁民主路分理处		开户银行	工行南宁市酒企路分理处

人民币（大写）	○陆拾捌万壹仟捌佰元整	亿	千	百	十	万	千	百	十	元	角	分
				￥	6	8	1	8	0	0	0	0

票据种类	
票据张数	

中国工商银行广西区分行
酒企路分理处
2014.08.06
收款人开户银行盖章
收讫章

单位主管　会计　复核　记账

图 2-22　销售产品的货款进账单

货物运输业增值税专用发票

抵　扣　联

45000012505　　　　　　　　　　　　　№ 52341006

开票日期：2014 年 8 月 6 日

承运人及纳税人识别号	南宁运全汽车运输公司 66980000329	密码区	45-438/5+/-222 -+5656/*<97212 -/*6766+151 */>97-101	加密版本：01 00121=//*467 <4575*/12-477
实际受票方及纳税人识别号	南宁酒仙股份有限公司 45000000009			
收货人及纳税人识别号	客来利股份有限公司 45320007899	发货人及纳税人识别号	南宁酒仙股份有限公司 45000000009	

起运地、经由、到达地			
费用项目及金额	运费　30 000.00	运输货物信息	白酒、啤酒

合计金额	￥30 000.00	税率	11%	税额	￥3 300.00	机器编号	5899000176543

价税合计（大写）	○叁万叁仟叁佰元整	（小写）￥33 300.00

车种车号	货车 桂 A-667788	车船吨位	20	备注	南宁运全汽车运输公司 66980000329 发票专用章
主管税务机关及代码	南宁市国家税务局民生分局 134220000				

收款人：王丹　　复核：李强　　开票人：梁华　　承运人（章）

国税函（2004）123 号广西印刷厂

第二联：抵扣联　受票方扣税凭证

图 2-23　销售产品支付运费取得的抵扣联

货物运输业增值税专用发票

45000012505

发 票 联 国家税务局监制

No 52341006

开票日期：2014年8月6日

承运人及纳税人识别号	南宁运全汽车运输公司 66980000329	密码区	45-438/5+/-222　加密版本：01 -+5656/*<97212　00121=//*467 -/*6766+151　　<4575*/12-477 */>97-101
实际受票方及纳税人识别号	南宁酒仙股份有限公司 45000000009		

收货人及纳税人识别号	客来利股份有限公司 45320007899	发货人及纳税人识别号	南宁酒仙股份有限公司 45000000009

起运地、经由、到达地			

费用项目及金额	运费　30 000.00	运输货物信息	白酒、啤酒

合计金额	￥30 000.00	税率	11%	税额	￥3 300.00	机器编号	5899000176543

价税合计（大写）	⊙参万叁仟叁佰元整	（小写）￥33 300.00	

车种车号	货车 桂A-667788	车船吨位	20	备注	66980000329 发票专用章
主管税务机关及代码	南宁市国家税务局民生分局 134220000				

收款人：王丹　　复核人：李强　　开票人：梁华　　承运人（章）

第三联：发票联　受票方记账凭证

国税函（2004）123号广西印刷厂

图2-24　销售产品支付运费取得的发票联

中国工商银行 转账支票存根

NO 0890033

中国工商银行　**转账支票**（桂）　　NO 0890033

科　　目： _____	出票日期（大写）贰零壹肆年零捌月零陆日　付款行名称：工行南宁市酒企路分理处
对方科目：_____	收款人：南宁运全汽车运输公司　　出票人账号：09-51999

出票日期：2014.08.06

人民币（大写）⊙叁万叁仟叁佰元整	百	十	万	千	百	十	元	角	分
			￥	3	3	3	0	0	0	0

收 款 人：南宁运全汽车运输公司

金　　额：￥33 300.00

用　　途：支付运费

本支票支付期10天

用途：支付运费
上述款项请从
我账中内支付

出票人盖章

科　　目_____
对方科目（贷）_____
出票日期 2014年08月06日

复核　　记账

单位主管丁一　会计韦好

图2-25　销售产品支付运费开具的转账支票

【业务2-8】8月10日，将白酒50箱作为福利分给职工。每箱成本价300元，同类产品对外不含税售价每箱600元，如图2-26所示。

产品出库单

NO.125

领用部门：办公室　科目：_____　日期：2014年8月10日　　　　　对方科目_____

名　称	单位	数量	单位成本	金额							用途
				万	千	百	十	元	角	分	
白酒（12×500克）	箱	50	300.00	1	5	0	0	0	0	0	用于职工福利
合　计				1	5	0	0	0	0	0	

主管：李贺　　　会计：陈好　　　质检员：　　　　　保管员：李来

图2-26　自产白酒发给职工的产品出库单

【业务2-9】8月12日，销售白酒给某单位，如图2-27、图2-28所示。

中国工商银行 进账单（回单或收款通知）

交款日期：2014年08月12日　　　　　第009号

付款人	全　称	南宁大方广告公司	收款人	全　称	南宁酒仙股份有限公司										
	账　号	891000007		账　号	09-51999										
	开户银行	工行南宁大方路分理处		开户银行	工行南宁市酒企路分理处										
人民币（大写）	○捌仟元整			亿	千	百	十	万	千	百	十	元	角	分	
								¥	8	0	0	0	0	0	

票据种类

票据张数

中国工商银行广西区分行
酒企路分理处
2014.08.12
收款人开户银行盖章
收讫章

单位主管　会计　复核　记账

图2-27　销售产品货款进账单

广西壮族
自治区　　增值税普通发票

450100002359

№ 624509876

开票日期：2014年8月12日

| 购货单位 | 名　　称：南宁大方广告公司
纳税人识别号：45000000235
地　址、电话：
开户行及账号： | | | | | 密码区 | 78>>89*/-912568　加密版本：01
-+0153/*568135　00121=//*451
-/*0412　　<4563*/15-185
*/01-+15156 | | |

货物或应税劳务名称	规格型号	单位	数量	单价	金额	税率	税额
白酒	12×500克	箱	10	800.00	6 837.60	17%	1 162.40
合计					6 837.60		1 162.40

价税合计（大写）　⊙捌仟零佰零拾零元整　　（小写）¥8 000.00

| 销货单位 | 名　　称：南宁酒仙股份有限公司
纳税人识别号：45000000009
地　址、电话：南宁市酒企路9号　0771-3900099
开户行及账号：工行南宁市酒企路分理处 09-51999 | | | | | 备注 | |

收款人：艾前　　　复核：刘和　　　开票人：工好　　　销货单位.（章）

图2-28　销售产品开具的普通发票

【业务2-10】8月15日，企业将用于制造酒精的原料发给南宁市利好酒精厂委托其加工成酒精，如图2-29、图2-30、图2-31、图2-32所示。

材料出库单

NO.100

接收单位：南宁市利好酒精厂　　　出库日期：2014年8月15日　　　出库单号：0900001

名　称	单位	数量	单价	金　额	备注
原料	吨	40	1 000.00	40 000.00	
合　计	吨	40	1 000.00	40 000.00	

主管：　　　　会计：韦好　　　　质检员：李广　　　　保管员：陆地

图2-29　委托加工材料出库单

酒精委托加工合同书

委托方:南宁酒仙股份有限公司(以下简称甲方)

被委托方:南宁市利好酒精厂(以下简称乙方)

甲方委托乙方加工 酒精 产品,为维护甲乙双方的利益,经双方协商,就有关代加工事宜达成如下协议,以供双方共同遵守。

第一条　代加工内容。甲方委托乙方为其加工酒精产品,甲方将40吨原料交乙方要求加工30吨数量的酒精、质量要求由甲方提供。

第二条　甲方责任。

1. 甲方按照甲乙双方合同订立有效次日,将原料运输到乙方,费用由甲方承担。
2. 甲方制定产品质量标准并对乙方指导、监督,并提出意见和建议。

第三条　乙方责任。

1. 严格按照甲方的委托内容及质量要求从事代加工活动。
2. 按甲乙双方确定的交货日期交货。

第四条　加工费用、付款方式及交货地点。甲方委托乙方加工酒精应支付加工费人民币壹万元整(￥10 000.00)(不含增值税),货到甲方仓库并验收合格2日内付清银行转账一次付清。

第五条　合同有效期限本委托加工合同期限为10日,自2014年8月15日至2014年8月24日止。

第六条　合同如遇争议,甲乙双方可协商解决。

第七条　本合同正本一式二份,经双方当事人代表签字盖章后生效。

甲方:
代表人:丁一
日期:2014年8月14日

乙方:
代表人:朱二
日期:2014年8月14日

图2-30　委托加工材料合同书

货物运输业增值税专用发票

抵　扣　联

（国家税务局监制）

45000012505　　　　　　　　　　　　№ 52341076

开票日期：2014年8月15日

承运人及纳税人识别号	南宁运全汽车运输公司 66980000329			密码区	45-438/5+/-222 -+5656/*<97212 -/*6766+151 */>97-101	加密版本：01 00121=//*467 <4575*/12-477	
实际受票方及纳税人识别号	南宁酒仙股份有限公司 45000000009						
收货人及纳税人识别号	南宁市利好酒精厂 45000000569			发货人及纳税人识别号	南宁酒仙股份有限公司 45000000009		
起运地、经由、到达地	到达地：南宁市利好酒精厂						
费用项目及金额	运费 2 000.00			运输货物信息	原料		
合计金额	¥2 000.00	税率	11%	税额	¥220.00	机器编号	5899000176543
价税合计（大写）	⊙贰仟贰佰贰拾元整				（小写）¥2 220.00		
车种车号	货车 桂A-667788	车船吨位	20	备注	南宁运全汽车运输公司 66980000329 发票专用章		
主管税务机关及代码	南宁市国家税务局民生分局 134220000						

收款人：王丹　　复核人：李强　　开票人：梁华　　承运人（章）

国税函（2004）123号广西印制厂

第二联：抵扣联 受票方扣税凭证

图2-31　委托加工材料运输费用的增值税专用发票抵扣联

货物运输业增值税专用发票

发　票　联

（国家税务局监制）

45000012505　　　　　　　　　　　　№ 52341076

开票日期：2014年8月15日

承运人及纳税人识别号	南宁运全汽车运输公司 66980000329			密码区	45-438/5+/-222 -+5656/*<97212 -/*6766+151 */>97-101	加密版本：01 00121=//*467 <4575*/12-477	
实际受票方及纳税人识别号	南宁酒仙股份有限公司 45000000009						
收货人及纳税人识别号	南宁市利好酒精厂 45000000569			发货人及纳税人识别号	南宁酒仙股份有限公司 45000000009		
起运地、经由、到达地	到达地：南宁市利好酒精厂						
费用项目及金额	运费 2 000.00			运输货物信息	原料		
合计金额	¥2 000.00	税率	11%	税额	¥220.00	机器编号	5899000176543
价税合计（大写）	⊙贰仟贰佰贰拾元整				（小写）¥2 220.00		
车种车号	货车 桂A-667788	车船吨位	20	备注	南宁运全汽车运输公司 66980000329 发票专用章		
主管税务机关及代码	南宁市国家税务局民生分局 134220000						

收款人：王丹　　复核人：李强　　开票人：梁华　　承运人（章）

国税函（2004）123号广西印制厂

第三联：发票联 受票方记账凭证

图2-32　委托加工材料运输费用的增值税专用发票的发票联

【业务2-11】8月15日，购进白酒生产设备一台，取得增值税专用发票抵扣联，款未付，如图2-33、图2-34所示。

上海增值税专用发票

抵扣联

3100000009　　　　　　　　　　　　　　　　　　　№ 89900678

开票日期：2014年8月15日

购货单位	名　　称：南宁酒仙股份有限公司 纳税人识别号：45000000009 地址、电话：南宁市酒企路8号　0771-3900099 开户行及账号：建行南宁市友谊路分理处 05-54321	密码区	>>76*/-7911<68　加密版本：01 +/3423/*578711　24575=//*451 -/*3642　　<0433*/15-186 */01-+21576

货物或应税劳务名称	规格型号	单位	数量	单价	金额	税率	税额
白酒发酵机		台	1	200 000.00	200 000.00	17%	34 000.00
合计					200 000.00		34 000.00

价税合计（大写）	⊙贰拾叁万肆仟元整	（小写）¥234 000.00

销货单位	名　　称：上海设备制造有限公司 纳税人识别号：3100000007 地址、电话：上海市设备路80号　021-3900019 开户行及账号：工行上海市设备路分理处 06-666687	备注	（上海设备制造有限公司　3100000007　发票专用章）

收款人：班新　　复核：覃后　　开票人：方晓　　销货单位：（章）

图2-33　购进设备取得的增值税专用发票抵扣联

上海增值税专用发票

发票联

3100000009　　　　　　　　　　　　　　　　　　　№ 89900678

开票日期：2014年8月15日

购货单位	名　　称：南宁酒仙股份有限公司 纳税人识别号：45000000009 地址、电话：南宁市酒企路8号　0771-3900099 开户行及账号：建行南宁市友谊路分理处 05-54321	密码区	>>76*/-7911<68　加密版本：01 +/3423/*578711　24575=//*451 -/*3642　　<0433*/15-186 */01-+21576

货物或应税劳务名称	规格型号	单位	数量	单价	金额	税率	税额
白酒发酵机		台	1	200 000.00	200 000.00	17%	34 000.00
合计					200 000.00		34 000.00

价税合计（大写）	⊙贰拾叁万肆仟元整	（小写）¥234 000.00

销货单位	名　　称：上海设备制造有限公司 纳税人识别号：3100000007 地址、电话：上海市设备路80号　021-3900019 开户行及账号：工行上海市设备路分理处 06-666687	备注	（上海设备制造有限公司　3100000007　发票专用章）

收款人：班新　　复核：覃后　　开票人：方晓　　销货单位：（章）

图2-34　购进设备取得的增值税专用发票发票联

【业务2-12】8月20日，企业清查小组对仓库产品进行例行清查，查出啤酒5吨过了产品保质期，开出报废清单1份，上报企业管理部门要求处理，如图2-35所示

产品报废清单

NO.86

科目：_____ 日期：2014年8月20日 对方科目_____

名　称	单位	数量	单位成本	金额							原因
				万	千	百	十	元	角	分	
啤酒	吨	5	200.00	1	0	0	0	0	0	0	过产品保质期
合　计				1	0	0	0	0	0	0	

主管：李进　　会计：韦好　　质检员：吴过　　保管员：李来

图2-35　产品报废清单

【业务2-13】8月20日，后勤部门领用白酒20箱、啤酒1吨，招待有关人员，仓库开出产品出库单1份，如图2-36所示。

产品出库单

NO.125

领用部门：后勤　科目：_____　日期：2014年8月20日　对方科目_____

名　称	单位	数量	单位成本	金额							用途
				万	千	百	十	元	角	分	
白酒	箱	20(12×500克)	300.00	6	0	0	0	0	0	0	用于会议招待
啤酒	吨	1	2 000.00	2	0	0	0	0	0	0	用于会议招待
合　计				¥	8	0	0	0	0	0	0

主管：李进　　会计：韦好　　质检员：　　保管员：李来

图2-36　后勤部门接待用酒出库单

【业务2-14】8月20日，将自产白酒50箱捐给南宁金福养老院，每箱单位成本300元，同类产品对外不含税售价每箱600元，如图2-37、图2-38所示。

产品出库单

NO.126

领用部门：办公室　　科目：＿＿＿　　日期：2014年8月20日　　对方科目＿＿＿

名　称	单位	数量	单位成本	金　额							用途
				万	千	百	十	元	角	分	
白酒	箱	50(12×500克)	300.00	1	5	0	0	0	0	0	捐给南宁金福养老院
合　计				1	5	0	0	0	0	0	

主管：李进　　会计：韦好　　质检员：　　保管员：李来

图2-37　捐赠养老院的白酒出库单

南宁市接受捐赠专用收款收据

2014年8月20日　　NO.5288

捐赠单位	南宁酒仙股份有限公司	捐赠人							
捐赠实物名称	白酒	数量	50箱(12×500克)						
人民币(大写)	⊙壹万伍仟元整	十	万	千	百	十	元	角	分
		￥	1	5	0	0	0	0	0

经手人：艾娟　　　　　　　接受单位(盖章)专用章

图2-38　养老院开具收到捐赠的收据

【业务2-15】8月20日，企业将白酒100箱不等价换入酒饼原材料2 000斤，应收取对方补价11 700元整（价税合计），款未收到，货物已交换，如图3-39、图3-40、图3-41所示。

广西壮族自治区　增值税专用发票

45000000299

广西国家税务局监制

№ 123456754

开票日期：2014年8月20日

购货单位	名　　　　称：广西粮油食品销售公司
	纳税人识别号：45000005555
	地址、电话：南宁市民生路16号 0771-5900001
	开户行及账号：工行南宁市民生路分理处 05-583300

密码区　88>>12*/-461123　加密版本:01
-+1242/*424422　00121=//*451
-/*763-363*/55　<4563*/15-779
*/01-+474531

货物或应税劳务名称	规格型号	单位	数量	单价	金额	税率	税额
白酒	12×500克	箱	100	600.00	60 000.00	17%	10 200.00
合计					60 000.00		10 200.00

价税合计（大写）	⊙柒万零贰佰元整	（小写）¥70 200.00

销货单位	名　　　　称：南宁酒仙股份有限公司	
	纳税人识别号：45000000009	备注
	地址、电话：南宁市酒企路9号 0771-3900099	
	开户行及账号：工行南宁市酒企路分理处 09-51999	

南宁酒仙股份有限公司 45000000009 发票专用章

收款人：艾前　　复核：　　开票人：王和　　销货单位：（章）

国税函（2004）123号广西印刷厂

第一联：记账联　销货方记账凭证

图2-39　交换货物开具发票

广西壮族自治区　增值税专用发票

4503000038

抵扣联

广西国家税务局监制

№ 643214567

开票日期：2014年8月20日

购货单位	名　　　　称：南宁酒仙股份有限公司
	纳税人识别号：45000000009
	地址、电话：南宁市酒企路9号 0771-3900099
	开户行及账号：工行南宁市酒企路分理处 09-51999

密码区　45-569/5+/-222　加密版本:01
-+5656/*<97212　00121=//*467
-/*6766+151　<4575*/12-477
*/>97-135

货物或应税劳务名称	规格型号	单位	数量	单价	金额	税率	税额
酒饼		斤	2 000	25.00	50 000.00	17%	8 500.00
合计					50 000.00		8 500.00

价税合计（大写）	⊙伍万捌仟伍佰元整	（小写）¥58 500.00

销货单位	名　　　　称：广西粮油食品销销公司	
	纳税人识别号：45000005555	备注
	地址、电话：南宁市民生路16号 0771-5900001	
	开户行及账号：工行南宁市民生路分理处 05-583300	

广西粮油食品销售公司 45000005555 发票专用章

收款人：韦文　　复核：李进　　开票人：李歌　　销货单位：（章）

国税函（2004）123号广西印刷厂

第二联：抵扣联　购货方扣税凭证

图2-40　交换货物收到对方开具的增值税专用发票抵扣联

广西壮族
自治区　**增值税专用发票**
发票联

45030000389

№ 643214567

开票日期：2014年8月20日

购货单位	名　　称：南宁酒仙股份有限公司				
	纳税人识别号：45000000009				
	地址、电话：南宁市酒企路9号　0771-3900099				
	开户行及账号：工行南宁市酒企路分理处 09-51999				

密码区

45-569/5+/-222　加密版本:01
-+5656/*<97212　00121=//*467
-/*6766+151　<4575*/12-477
*/>97-135

第三联：发票联　购货方记账凭证

货物或应税劳务名称	规格型号	单位	数量	单价	金额	税率	税额
酒饼		斤	2 000	25.00	50 000.00	17%	8 500.00
合计					50 000.00		8 500.00
价税合计（大写）	⊙伍万捌仟伍佰元整				（小写）￥58 500.00		

销货单位	名　　称：广西粮油食品销售公司		备注	
	纳税人识别号：45000005555			
	地址、电话：南宁市民生路16号　0771-5900001			
	开户行及账号：工行南宁市民生路分理处 05-583300			

（广西粮油食品销售公司 45000005555 发票专用章）

收款人：韦文　　复核：李进　　开票人：李歌　　销货单位：（章）

图2-41　交换货物收到对方开具的增值税专用发票发票联

【业务2-16】8月24日，购买台式电脑5台给销售部，如图2-42、图2-43所示。

广西壮族
自治区　**增值税普通发票**

45000000398

№ 545610016

开票日期：2014年8月24日

购货单位	名　　称：南宁酒仙股份有限公司				
	纳税人识别号：45000000009				
	地址、电话：南宁市酒企路9号　0771-3900099				
	开户行及账号：工行南宁市酒企路分理处 09-51999				

密码区

45-569/5+/-222　加密版本:01
-+5656/*<97212　00121=//*467
-/*6766+151　<4575*/12-477
*/>97-135

第三联：发票联　购货方记账凭证

货物或应税劳务名称	规格型号	单位	数量	单价	金额	税率	税额
电脑		台	5	3 418.80	17 094.02	17%	2 905.98
合计					17 094.02		2 905.98
价税合计（大写）	⊙贰万零仟零佰零元整				（小写）￥20 000.00		

销货单位	名　　称：广西先达科技有限公司		备注	
	纳税人识别号：45000006776			
	地址、电话：南宁市星星路699号　0771-8900009			
	开户行及账号：工行南宁市星星路分理处 08-8563366			

（广西先达科技有限公司 45000006776 发票专用章）

收款人：李伟　　复核：吴刚　　开票人：罗进　　销货单位：（章）

图2-42　购买电脑取得的普通发票

中国工商银行　转账支票（桂）　NO 08900409

中国工商银行
转账支票存根
NO 0890040

出票日期（大写）贰零壹肆年零捌月贰拾肆日　付款行名称：工行南宁市酒企路分理处
收款人：南宁市领先科技有限公司　出票人账号：09-51999

科　目：	
对方科目：	
出票日期：2014.08.24	
收款人：广西先达科技有限公司	
金　额：￥20 000.00	
用　途：支付货款	

本支票支付期10天

人民币（大写）○贰万元整

百	十	万	千	百	十	元	角	分
		￥	2	0	0	0	0	0

用途：支付货款
上述款项请从
我账户内支付

出票人盖章

科　目
对方科目（贷）
出票日期 2014 年 08 月 24 日

复核　记账

单位主管丁一　会计韦好

图 2-43　购买电脑开具的转账支票

【业务2-17】8月25日，委托加工的酒精加工完毕，按合同酒精运到甲方，经验收合格，支付相关费用，如图2-44、图2-45、图2-46、图2-47所示。

材料入库单　NO.107

供应商名称：南宁市利好酒精厂　验收日期：2014年8月25日　入库单号：09400786

名　称	单位	数量	单价	金　额	备注
酒精	吨	30			委托南宁市利好酒精厂加工酒精
合　计					

主管：　　会计：韦好　质检员：刘好　　保管员：陆地

图 2-44　收回委托加工的酒精验收入库的材料入库单

货物运输业增值税专用发票

抵 扣 联

45000012505

№ 52341076

开票日期：2014 年 8 月 25 日

承运人及纳税人识别号	南宁运全汽车运输公司 66980000329	密码区	45-438/5+/-222　加密版本：01 -+5656/*<97212　00121=//*467 -/*6766+151　　<4575*/12-477 */>97-101		
实际受票方及纳税人识别号	南宁酒仙股份有限公司 45000000009				
收货人及纳税人识别号	南宁酒仙股份有限公司 45000000009	发货人及纳税人识别号	南宁酒仙股份有限公司 45000000009		
起运地、经由、到达地		到达地：南宁市利好酒精厂			
费用项目及金额	运费　2 000.00		运输货物信息	酒精	
合计金额	￥2 000.00	税率	11%	税额	￥220.00	机器编号	5899000176543
价税合计（大写）	○贰仟贰佰贰拾元整			（小写）￥2 220.00	
车种车号	货车 桂 A-667788	车船吨位	20	备注	
主管税务机关及代码	南宁市国家税务局民生分局 134220000				

收款人：王丹　复核人：李强　开票人：梁华　　承运人（章）

第三联：抵扣联 受票方扣税凭证

国税函（2004）123 号广西印刷厂

图 2-45　收到支付收回酒精的运费抵扣联

货物运输业增值税专用发票

发 票 联

45000012505

№ 52341076

开票日期：2014 年 8 月 25 日

承运人及纳税人识别号	南宁运全汽车运输公司 66980000329	密码区	45-438/5+/-222　加密版本：01 -+5656/*<97212　00121=//*467 -/*6766+151　　<4575*/12-477 */>97-101		
实际受票方及纳税人识别号	南宁酒仙股份有限公司 45000000009				
收货人及纳税人识别号	南宁酒仙股份有限公司 45000000009	发货人及纳税人识别号	南宁酒仙股份有限公司 45000000009		
起运地、经由、到达地		到达地：南宁市利好酒精厂			
费用项目及金额	运费　2 000.00		运输货物信息	原料	
合计金额	￥2 000.00	税率	11%	税额	￥220.00	机器编号	5899000176543
价税合计（大写）	○贰仟贰佰贰拾元整			（小写）￥2 220.00	
车种车号	货车 桂 A-667788	车船吨位	20	备注	
主管税务机关及代码	南宁市国家税务局民生分局 134220000				

收款人：王丹　复核人：李强　开票人：梁华　　承运人（章）

第三联：发票联 受票方记账凭证

国税函（2004）123 号广西印刷厂

图 2-46　收到支付收回酒精的运费发票联

广西壮族
自治区 **增值税专用发票**
国家税务局监制
广西

450000564008

№ 545617865

开票日期：2014 年 8 月 24 日

购货单位	名　称：南宁酒仙股份有限公司 纳税人识别号：45000000009 地址、电话：南宁市酒企路 9 号　0771-3900099 开户行及账号：工行南宁市酒企路分理处 09-51999					密码区	45-569/5+/-222　加密版本:01 -+5656/*<97212　00121=//*467 -/*6766+151　　<4575*/12-477 */>97-135		
货物或应税劳务名称	规格型号	单位	数量	单价		金额	税率	税额	
加工费						10 000	17%	1 700	
合计						10 000		1 700	
价税合计（大写）	⊙壹万柒仟元整				（小写）￥17 000.00				
销货单位	名　称：南宁市利好酒精厂 纳税人识别号：45000000569 地址、电话：南宁市星星路 609 号　0771-9000067 开户行及账号：工行南宁市明星路分理处 28-8563366					备注	南宁市利好酒精厂 45000000569 发票专用章		

收款人：韦利　　复核：李刚　　开票人：夏雨　　　　销货单位：（章）

国税函（2004）123 号广西印刷厂

第三联：发票联　购货方记账凭证

图 2-47　支付加工费开具的发票

【业务 2-18】8 月 25 日，购入白酒原材料酒曲一批，取得普通发票，款未支付，货已到，如图 2-48 所示。

广西壮族
自治区 **增值税普通发票**
国家税务局监制
广西

450000006988

№ 5456106789

开票日期：2014 年 8 月 25 日

购货单位	名　称：南宁酒仙股份有限公司 纳税人识别号：45000000009 地址、电话：南宁市酒企路 9 号　0771-3900099 开户行及账号：工行南宁市酒企路分理处 09-51999					密码区	45-569/5+/-222　加密版本:01 -+5656/*<97212　00121=//*467 -/*6766+151　　<4575*/12-477 */>97-135		
货物或应税劳务名称	规格型号	单位	数量	单价		金额	税率	税额	
酒曲		吨	5	3 418.80		17 094.02	17%	2 905.00	
合计						17 094.02		2 905.00	
价税合计（大写）	⊙贰万零仟零佰零元整				（小写）￥20 000.00				
销货单位	名　称：广西质好酒曲有限公司 纳税人识别号：45000006776 地址、电话：南宁市酒香路 699 号　0771-8900009 开户行及账号：工行南宁市酒香路分理处 08-79563388					备注	广西质好酒曲有限公司 45000006776 发票专用章		

收款人：莫卡　　复核：赵刚　　　　开票人：余进　　　销货单位：（章）

国税函（2004）123 号广西印刷厂

第三联：发票联　购货方记账凭证

图 2-48　购进酒曲取得的普通发票

【业务2-19】8月30日，以瓶装白酒等价换酒曲，双方相互开具增值税专用发票，如图2-49、图2-50所示。

广西壮族自治区	增值税专用发票						
45000000899						No 5670998	

开票日期：2014年8月30日

购货单位	名　　称：广西好粮酒曲公司					密码区	88>>12*/-461123　加密版本：01-+1242/*424422　00121=//*451-/*763-363*/55　<4563*/15-779*/01-+474531
	纳税人识别号：45000000567						
	地址、电话：南宁市好粮路9号　0771-4500088						
	开户行及账号：工行南宁市好粮路分理处 07-9889						

货物或应税劳务名称	规格型号	单位	数量	单价	金额	税率	税额
酒仙瓶装白酒	12×500克	箱	500	600.00	300 000 .00	17%	51 000.00
合计					300 000.00		51 000.00

价税合计（大写）	⊙叁拾伍万壹仟元整	（小写）￥351 000.00

销货单位	名　　称：南宁酒仙股份有限公司	备注
	纳税人识别号：45000000009	
	地址、电话：南宁市酒企路9号　0771-3900099	
	开户行及账号：工行南宁市酒企路分理处 09-51999	

收款人：艾前　　复核：　　开票人：王和　　销货单位：（章）

图2-49　白酒换酒曲开具给对方的增值税专用发票的记账联

广西壮族自治区	增值税专用发票						
4500003452						No 36666601	

开票日期：2014年8月30日

购货单位	名　　称：南宁酒仙股份有限公司					密码区	78>>89*/-912568　加密版本：01-+0153/*568135　00121=//*451-/*0412　<4563*/15-185*/01-+15156
	纳税人识别号：45000000009						
	地址、电话：南宁市酒企路9号　0771-3900099						
	开户行及账号：工行南宁市酒企路分理处 09-51999						

货物或应税劳务名称	规格型号	单位	数量	单价	金额	税率	税额
酒曲		吨	600	500.00	300 000 .00	17%	51 000.00
合计					300 000.00		51 000.00

价税合计（大写）	⊙叁拾伍万壹仟元整	（小写）￥351 000.00

销货单位	名　　称：南宁好粮酒曲公司	备注
	纳税人识别号：45000000567	
	地址、电话：南宁市好粮路9号　0771-4500088	
	开户行及账号：工行南宁市好粮路分理处 07-9889	

收款人：伍金　　复核：杨凯　　开票人：李娜　　销货单位：（章）

图2-50　白酒换酒曲取得对方开具的增值税专用发票的抵扣联

【业务 2-20】8 月 30 日，将委托加工收回的酒精出售，如图 2-51 所示。

广西壮族自治区 增值税专用发票								
45000000389								№ 234508765

开票日期：2014 年 8 月 30 日

购货单位	名　　　称：南宁好运酒业公司						密码区	88>>12*/-461123　加密版本：01 −+1242/*424422　00121=//*451 −/*763-363*/55　<4563*/15-779 */01-+474531
	纳税人识别号：45320000899							
	地址、电话：南宁好运路 7 号　0771-3650009							
	开户行及账号：工行南宁市好运路分理处 46539989							

货物或应税劳务的名称	规格型号	单位	数量	单价	金额	税率	税额
酒精		吨	20	5 000	100 000.00	17%	17 000.00
合计					100 000.00		17 000.00

价税合计（大写）　⊙壹拾壹万柒仟元整　　　（小写）￥117 000.00

销货单位	名　　　称：南宁酒仙股份有限公司		备注	南宁酒仙股份有限公司 45000000009 发票专用章
	纳税人识别号：45000000009			
	地址、电话：南宁市酒企路 9 号　0771-3900099			
	开户行及账号：工行南宁市酒企路分理处 09-51999			

收款人：艾前　　　复核：　　　开票人：王和　　　销货单位：（章）

图 2-51　销售委托加工收回的酒精开具的发票记账联

【业务 2-21】8 月 30 日，白酒车间将生产合格的瓶装白酒 200 000 箱入库，啤酒车间将生产合格的啤酒 400 吨入库，如图 2-52、图 2-53 所示。

产品入库单

NO.69

验收日期：2014 年 8 月 30 日　　　　　　入库单号：0903456

名　　称	单位	数量	单价	金　额	备注
白酒	箱（12×500 克）	200 000	300.00	6 000 000.00	
合　计					

主管：　　　会计：韦好　　　质检员：刘好　　　保管员：陆地

图 2-52　白酒产品入库单

产品入库单

NO.165

验收日期：2014 年 8 月 30 日　　　　　　入库单号：8900342

名　　称	单位	数量	单价	金　额	备注
啤酒	吨	400	2 000.00	800 000.00	
合　计					

主管：　　　会计：韦好　　　质检员：刘好　　　保管员：陆地

图 2-53　啤酒产品入库单

表2-1　　　　　　　　　　　**酒及酒精消费税纳税申报表**

税款所属期：　　年　月　日至　　年　月　日

纳税人名称（公章）：

纳税人识别号：□□□□□□□□□□□□□□□□□□

填表日期：　年　月　日　　　　　　　　　　　　金额单位：元（列至角分）

项目／应税消费品名称	适用税率		销售数量	销售额	应纳税额
	定额税率	比例税率			
粮食白酒	0.5元/斤	20%			
薯类白酒	0.5元/斤	20%			
啤酒	250元/吨	—			
啤酒	220元/吨	—			
黄酒	240元/吨	—			
其他酒	—	10%			
酒精	—	5%			
合计	—	—	—	—	

本期准予抵减税额：	**声明** 此纳税申报表是根据国家税收法律的规定填报的，我确定它是真实的、可靠的、完整的。 经办人(签章)： 财务负责人(签章)： 联系电话：
本期减(免)税额：	
期初未缴税额：	
本期缴纳前期应纳税额：	（如果你已委托代理人申报，请填写） **授权声明**
本期预缴税额：	
本期应补(退)税额：	为代理一切税务事宜，现授权 ＿＿＿＿＿＿ ＿＿＿＿（地址）＿＿＿＿＿＿为
期末未缴税额：	本纳税人的代理申报人，任何与本申报表有关的往来文件，都可寄予此人。 授权人签章：

<u>以下由税务机关填写</u>

受理人(签章)：　　　受理日期：年　月　日　　受理税务机关(章)：

填表说明：

一、本表仅限酒及酒精消费税纳税人使用。

二、本表"销售数量"为《中华人民共和国消费税暂行条例》、《中华人民共和国消费税暂行条例实施细则》及其他法规、规章规定的当期应申报缴纳消费税的酒及酒精销售（不含出口免税）数量。计量单位：粮食白酒和薯类白酒为斤（如果实际销售商品按照体积标注计量单位，应按 500 毫升为 1 斤换算），啤酒、黄酒、其他酒和酒精为吨。

三、本表"销售额"为《中华人民共和国消费税暂行条例》、《中华人民共和国消费税暂行条例实施细则》及其他法规、规章规定的当期应申报缴纳消费税的酒及酒精销售（不含出口免税）收入。

四、根据《中华人民共和国消费税暂行条例》和《财政部、国家税务总局关于调整酒类产品消费税政策的通知》（财税[2001]84号）的规定，本表"应纳税额"计算公式如下：

（一）粮食白酒、薯类白酒：

应纳税额＝销售数量×定额税率＋销售额×比例税率

（二）啤酒、黄酒：

应纳税额＝销售数量×定额税率

（二）其他酒、酒精：

应纳税额＝销售额×比例税率

五、本表"本期准予抵减税额"按本表附件一的本期准予抵减税款合计金额填写。

六、本表"本期减（免）税额"不含出口退（免）税额。

七、本表"期初未缴税额"填写本期期初累计应缴未缴的消费税税额，多缴为负数。其数值等于上期"期末未缴税额"。

八、本表"本期缴纳前期应纳税额"填写本期实际缴纳入库的前期消费税税额。

九、本表"本期预缴税额"填写纳税申报前已预先缴纳入库的本期消费税税额。

十、本表"本期应补（退）税额"计算公式如下，多缴为负数：

本期应补（退）税额＝应纳税额（合计栏金额）－本期准予抵减税额－本期减（免）税额－本期预缴税额

十一、本表"期末未缴税额"计算公式如下，多缴为负数：

期末未缴税额＝期初未缴税额＋本期应补（退）税额－本期缴纳前期应纳税额

十二、本表为A4竖式，所有数字小数点后保留两位。一式二份：一份纳税人留存，一份税务机关留存。

表2-2　　　　　　　　　　　　　　　　**消费税税收缴款书**

隶属关系：

注册类型：　　　　　　　填发日期：　年 月 日　　　　　　征收机关：

缴款单位(人)	代 码							电话			预算科目	编码		
	全 称											名称		
	开户银行											级次		
	账 号											收款国库		

税款所属时期：　年 月 日至 月 日　　　　　　　　　　税款限缴日期：　年 月 日

品 目 名 称	课税 数量	计税金额或 销售收入	税率或 单位税额	已缴或 扣除额	实缴税额										
					亿	千	百	十	万	千	百	十	元	角	分

金额合计(大写)亿 仟 佰 拾 万 仟 佰 拾 元 角 分

缴款单位(人) (盖章) 经办人(章)	上列款项已收妥并划转收款单位账户 国库(银行)盖章 　　　　　　年 月 日	会计分录 借方： 贷方： 　复核员　记账员	备注：

逾期不缴按税法规定加收滞纳金。

第三单元
营业税实验

>> 一、实验目的

1.对营业税纳税企业的各类业务票据进行识别。

2.判断哪些业务应当征收营业税，适用何种税率。

3.根据业务资料计算应纳营业税税额。

4.根据业务资料填制营业税纳税申报表及税收缴款书。

5.根据业务资料进行营业税的涉税会计业务处理。

>> 二、实验要求

1.根据企业的业务资料编制会计分录。

2.根据计算的应纳营业税税额填制纳税申报表，见表3-2。

3.填制营业税税收缴款书，见表3-3。

>> 三、实验资料

（一）企业基本情况

企业名称：南宁朝阳酒店有限公司

企业注册类型：有限责任公司

法人代表：陈明

地址及电话：南宁市南环路100号　0771-5600000

开户银行及账号：中国建设银行南宁朝阳支行　jh-226-29

经营范围：餐饮、住宿、娱乐（当地税率：台球、保龄球经营项目5%，其他项目10%）、租赁

企业法人营业执照、税务登记证如图3-1、图3-2所示。

企业法人营业执照

编号　NO：20080000

注册号：4501 200800000000

名　　　　称：南宁朝阳酒店有限公司
住　　　　所：南宁市南环路 100 号
法定代表人姓名：陈明　　　　注　册　资　本：人民币三千万元
公　司　类　型：有限责任公司　　实　收　资　本：人民币三千万元
经　营　范　围：餐饮、住宿、
　　　　　　　娱乐、租赁

成　立　日　期：二零零八年七月一日
营　业　期　限：　　　　　　　　　　二零零八年七月一日

图 3-1　企业法人营业执照

税 务 登 记 证

南 地 税 税字 45010000000 号

纳　税　人　名　称：南宁朝阳酒店有限公司
法定代表人（负责人）：陈明
地　　　　　　址：南宁市南环路 100 号
登 记 注 册 类 型：有限责任公司
经　营　范　围：餐饮、住宿、娱乐、租赁
批 准 设 立 机 关：南宁市工商行政管理局
扣　缴　义　务：依法确定

二零零八年七月十日

图 3-2　税务登记证

税款所属时期：2013年12月1日至2013年12月31日

填表日期：2014年1月10日

法定代表人：陈明

财务主管：赵东华

办税员：黄梅

营业税缴纳方式：查账征收，自行申报纳税

税务登记号：45010000000

主管税务机关：南宁市地方税务局南环分局

（二） 南宁市朝阳酒店有限公司2013年12月份的业务资料

【业务3-1】12月1日，接受婚宴预订，收取定金，开具收据，如图3-3所示。

图3-3　收取婚宴定金开具的收据

【业务3-2】12月2日，开具某企业年会晚宴发票，如图3-4、图3-5所示。

广西壮族自治区
地方税务局通用机打发票
发票联

发票代码 4500000
发票号码 0000001

顾客名称：南宁市广通百货公司
开票日期：2013 年 12 月 2 日
开票单位：南宁市朝阳酒店有限公司

税号：45010000000
收款机号：0123456
餐饮费：9 500.00 元

合计　　¥9 500.00

人民币（大写）　玖仟伍佰元整
电话：565688810000 收款员：02

开票单位（盖章有效）　　手开无效

二〇一〇年九月广西瑞熙特种票证印务有限公司印制

图 3-4　开具某企业年会晚宴的餐费发票

地方税务局通用机打发票

广西壮族
自治区

记账联

发票代码：1234567890
发票号码：5600011111
开票日期：2013 年 12 月 3 日

付款单位：南宁国际旅行社

经营项目	金额
住宿费	88 000.00

合计金额（大写）捌万捌仟元整　　　　　　　（小写）¥88 000.00

机打号码：000000000

税控装置防伪码：GX-01-1234

收款单位（盖章）
南宁市朝阳酒店有限公司
45010000000
发票专用章

广西瑞熙特种票证印务有限公司印制

第二联：记账联　收款方记账凭证（手开无效）

图 3-5　开具某企业年会晚宴的住宿费发票

【业务 3-3】12 月 3 日，向一旅行社开具旅游团饮食发票，如图 3-6 所示。

图 3-6 向一旅行社开具的餐费发票

【业务 3-4】12 月 3 日，某公司在酒店举行年终考评会议，开具住宿费、餐费和会议室租金发票，如图 3-7、图 3-8 所示。

图 3-7 开具某公司的住宿费和会议室租金发票

广 西 壮 族 自 治 区
地 方 税 务 局 通 用 机 打 发 票
发 票 联

发票代码 4500000
发票号码 0000003

顾客名称:南宁电子科技公司
开票日期:2013 年 12 月 3 日
开票单位:南宁市朝阳酒店有限公司

税号:45010000000
收款机号:0123456
餐饮费:20 000.00元

合计 20 000.00

人民币(大写)贰万元整
电话:5656888 收款员:02

开票单位(盖章有效) 手开无效

图 3-8 开具某公司的餐费发票

【业务 3-5】12 月 4 日,开具酒店旅游大巴租赁发票,如图 3-9 所示。

广西壮族
自治区
国家税务局通用机打发票

发票代码:1234567890
发票号码:5600011113
开票日期:2013 年 12 月 4 日

付款单位:南宁南华旅行社

经营项目	金额
旅游大巴租金	6 000.00

合计金额(大写)陆仟元整 (小写)¥6 000.00

机打号码:000000000

税控装置防伪码:GX-01-1234

收款单位(盖章)

图 3-9 出租旅游大巴开具的发票

【业务3-6】12月5日，开具酒店歌厅包场发票，如图3-10所示。

图3-10 开具酒店歌舞厅包场的发票

【业务3-7】12月6日，开具婚宴餐费发票，如图3-11所示。

图3-11 开具婚宴的餐费发票

【业务3-8】12月7日，开具酒店商品部代销普洱茶手续费发票，如图3-12所示。

广西壮族
自治区
地方税务局通用机打发票
记账联

发票代码：1234567890
发票号码：5600011115

付款单位：云南阳光茶叶股份有限公司

开票日期：2013 年 12 月 7 日

经营项目	金额
代销普洱茶手续费	56 000.00

合计金额(大写) 伍万陆仟元整　　　　　　(小写) ￥56 000.00

机打号码：000000000

税控装置防伪码：GX-01-1234

收款单位(盖章)：
南宁市朝阳酒店有限公司 45010000000 发票专用章

第二联：记账联 收款方记账凭证（手开无效）

广西瑞熙特种票证印务有限公司印制

图 3-12　代销茶叶收取手续费开具的发票

【业务 3-9】12 月 8 日，开具某单位举办台球比赛租用酒店台球中心场地发票，如图 3-13 所示。

广西壮族
自治区
地方税务局通用机打发票
记账联

发票代码：1234567890
发票号码：5600011116

付款单位：广西电力工程局

开票日期：2013 年 12 月 8 日

经营项目	金额
台球室娱乐费用	16 000.00

合计金额(大写) 壹万陆仟元整　　　　　　(小写) ￥16 000.00

机打号码：000000000

税控装置防伪码：GX-01-1234

收款单位(盖章)：
南宁市朝阳酒店有限公司 45010000000 发票专用章

第二联：记账联 收款方记账凭证（手开无效）

广西瑞熙特种票证印务有限公司印制

图 3-13　开具的台球室娱乐费用发票

【业务3-10】12月10日，开具南宁市旅游局年会消费发票，如图3-14、图3-15所示。

广西壮族
自治区　　**地方税务局通用机打发票**

记账联

发票代码：1234567890

发票号码：5600011117

付款单位：南宁市旅游局

开票日期：2013年12月10日

第二联：记账联　收款方记账凭证（手开无效）

经营项目	金额
住宿费	60 000.00
会议室租金	16 000.00

合计金额(大写) 柒万陆仟元整　　　　　　　(小写) ¥ 76 000.00

机打号码：000000000

税控装置防伪码：GX-01-1234

收款单位(盖章)：

图3-14　开具的南宁市旅游局住宿费发票

广西壮族自治区
地方税务局通用机打发票
发票联

发票代码 4500000

发票号码 0000005

顾客名称：南宁市旅游局

开票日期：2013年12月10日

开票单位：南宁市朝阳酒店

税号：45010000000

收款机号：0123456

餐饮费：160 000.00元

合计　¥ 160 000.00

人民币(大写) 壹拾陆万元整

电话：5656888　收款员：02

开票单位(盖章有效)　　　　　　手开无效

二〇一〇年九月广西瑞熙特种票证印务有限公司印制

图3-15　开具的南宁市旅游局餐费发票

【业务3-11】12月16日，开具某公司团队住宿费、餐费发票，如图3-16、图3-17所示。

广西壮族
自治区　　**地方税务局通用机打发票**

发票代码：1234567890
发票号码：5600011118

付款单位：南宁市桂通贸易公司　　　　　　　　开票日期：2013年12月16日

经营项目	金额
住宿费	43 000.00
会议室租金	13 000.00

合计金额(大写) 伍万陆仟元整　　　　　　(小写)￥56 000.00

机打号码：000000000

税控装置防伪码：GX-01-1234

收款单位(盖章)：

图3-16　开具的南宁市桂通贸易公司住宿费发票

广西壮族自治区
地方税务局通用机打发票
发票联

发票代码 4500000
发票号码 0000006

顾客名称：南宁市桂通贸易公司
开票日期：2013年12月16日
开票单位：南宁市朝阳酒店有限公司

税号：45010000000
收款机号：0123456
餐饮费：150 000.00元

合计　￥150 000.00

人民币(大写)壹拾伍万元整
电话：5656888　　收款员：02

开票单位(盖章有效)　　　手开无效

图3-17　开具的南宁市桂通贸易公司餐费发票

【业务3-12】12月17日，开具酒店保龄球中心消费发票，如图3-18所示。

广西壮族
自治区
地方税务局通用机打发票

发票代码：1234567890

发票号码：5600011119

付款单位：南宁益顺物业公司

开票日期：2013年12月17日

经营项目	金额
保龄球馆娱乐费	42 000.00

合计金额(大写) 肆万贰仟元整 　　　　　(小写)￥42 000.00

机打号码：000000000

税控装置防伪码：GX-01-1234

收款单位(盖章)：南宁市朝阳酒店有限公司 45010000000 发票专用章

第二联：记账联　收款方记账凭证（手开无效）

广西瑞熙特种票证印务有限公司印制

图3-18　开具的保龄球中心营业发票

【业务3-13】12月20日，开具某旅行社住宿、用餐发票，如图3-19、图3-20所示。

广西壮族
自治区
地方税务局通用机打发票

发票代码：1234567890

发票号码：5600011120

付款单位：广西青年旅行社

开票日期：2013年12月20日

经营项目	金额
住宿费	97 000.00

合计金额(大写) 玖万柒仟元整 　　　　　(小写)￥97 000.00

机打号码：000000000

税控装置防伪码：GX-01-1234

收款单位(盖章)：南宁市朝阳酒店有限公司 45010000000 发票专用章

第二联：记账联　收款方记账凭证（手开无效）

广西瑞熙特种票证印务有限公司印制

图3-19　开具的广西青年旅行社住宿费发票

图3-20 开具的广西青年旅行社餐费发票

【业务3-14】12月22日，开具会议室租金发票，如图3-21所示。

图3-21 开具的会议室租金等发票

【业务3-15】12月23日，开具代销某酒业公司红酒手续费发票，如图3-22所示。

图 3-22 代销商品收取手续费开具的发票

【业务 3-16】12 月 25 日，开具某单位圣诞团餐发票，如图 3-23 所示。

图 3-23 开具的南宁市老年福利院餐费发票

【业务 3-17】12 月 27 日，开具某旅游公司租车发票，如图 3-24 所示。

广西壮族
自治区

国家税务局通用机打发票

发票代码:1234567890

发票号码:5600011123

付款单位:南宁东博旅行社

开票日期:2013年12月27日

经营项目	金额
旅游车租金	7 800.00

合计金额(大写)柒仟捌佰元整　　　　　(小写)￥7 800.00

机打号码:000000000

税控装置防伪码:GX-01-1234

收款单位(盖章):

第二联:记账联　收款方记账凭证　(手开无效)

广西瑞熙特种票证印务有限公司印制

图3-24　开具的旅游车租金发票

【业务3-18】12月30日,开具代售南方航空公司机票手续费发票,如图3-25所示。

广西壮族
自治区

地方税务局通用机打发票

发票代码:1234567890

发票号码:5600011124

付款单位:南方航空公司

开票日期:2013年12月30日

经营项目	金额
代售机票手续费	26 800.00

合计金额(大写)贰万陆仟捌佰元整　　　　(小写)￥26 800.00

机打号码:000000000

税控装置防伪码:GX-01-1234

收款单位(盖章):

第二联:记账联　收款方记账凭证　(手开无效)

广西瑞熙特种票证印务有限公司印制

图3-25　代售机票收取手续费开具的发票

【业务 3-19】12 月 30 日，开具某办事处长期租用客房租金发票，如图 3-26 所示。

广西壮族
自治区　　　　地方税务局通用机打发票

发票代码:1234567890
发票号码:5600011125

付款单位:广西矿业集团驻邕办事处　　　　开票日期:2013 年 12 月 30 日

经营项目	金额
客房租金	120 000.00

合计金额(大写) 壹拾贰万元整　　　　(小写) ￥120 000.00

机打号码:000000000

税控装置防伪码:GX-01-1234

收款单位(盖章):

（第二联：记账联　收款方记账凭证　（手开无效））

图 3-26　开具的客房租金发票

【业务 3-20】以下是南宁朝阳酒店有限公司 12 月份发生的散客业务，见表 3-1；营业税纳税申报表和税收通用缴款书见表 3-2、表 3-3。

表 3-1　　南宁朝阳酒店有限公司 12 月份发生的散客业务（未开票）收入汇总表

项　目	经营收入
餐厅	中餐 60 万元，西餐 40 万元，服务费 15 万元
客房部	房租 150 万元，饮料 2 万元，服务费 12 万元，其他 6 万元
歌舞厅	KTV 歌厅 35 万元，的士高舞厅 14 万元
娱乐中心	台球中心 3 万元，游戏机室 8 万元，保龄球馆 16 万元
健身中心	桑拿洗浴 35 万元，美容厅 22 万元，发廊 2 万元
会议中心	25 万元
洗衣部	3.5 万元
车队	32 万元
商场	零售商品收入 15 万元，代销手续费 8 万元
其他	车辆保管费 5 万元，代售机票手续费 15 万元，复印费 3 万元

表3-2

营业税纳税申报表

（适用于查账征收的营业税纳税人）

纳税人识别号：

纳税人名称（公章）

税款所属时间：自　　年　月　日至　　年　月　日　填表日期：　　年　月　日　金额单位：元（列至角分）

税目	营业额				税率(%)	本期税款计算			税款缴纳								
	应税收入	减除项目金额	应税营业额	免税收入		小计	本期应纳税额	免(减)税额	期初欠缴税额	前期多缴税额	本期已缴税额				本期应缴税额计算		
											小计	已缴本期应纳税额	本期已被扣缴税额	本期已缴欠缴税额	小计	本期期末应缴税额	本期期末应缴欠缴税额
1	2	3	4=2-3	5	6	7=8+9	8=(4-5)×7	9=5×7	10	11	12=13+14+15		13	14	15	16=17+18	17=8-13-14	18=10-11-15
交通运输业																	
建筑业																	
邮电通讯业																	
服务业																	
娱乐业																	
金融保险业																	
文化体育业																	
销售不动产																	
转让无形资产																	
合　计																	
代扣代缴项目																	
总　计																	

纳税人或代理人声明：	如纳税人填报，由纳税人填写以下各栏：			
此纳税申报表是根据国家税收法律的规定填报的，我确定它是真实的、可靠的、完整的。	办税人员（签章）	财务负责人（签章）	法定代表人（签章）	联系电话
	如委托代理人填报，由代理人填写以下各栏：			
	代理人名称	经办人（签章）	联系电话	代理人（公章）

以下由税务机关填写：

受理人：　　　　　年　月　日　　　　　受理税务机关（签章）：

本表为A3横式一式三份，一份纳税人留存，一份主管税务机关留存，一份征收部门留存。

表 3-3

税收通用缴款书

中华人民共和国

桂地缴电 0039153 号

注册类型：　　　　　填发日期：　年　月　日　　　　　征收机关：

缴款单位(人)	代　码		预算科目	编码	
	全　称			名称	
	开户银行			级次	
	账　号		收款国库		

税款所属时期		年 月 日至　　年 月 日	税款限缴日期		年 月 日
品目名称	课税数量	计税金额或销售收入	税率或单位税额	已缴或扣除额	实缴金额
金额合计	(大写)			￥	

缴款单位(人) (盖章) 经办人(章)	税务机关 (盖章) 填票人(章)	上列款项已收妥并划转收款单位账户。 国库(银行)盖章　年　月　日	备注：

无银行收讫章无效

第一联（收据）国库（银行）收款盖章后退缴款单位（人）作完税凭证

逾期不缴按税法规定加收滞纳金。

第四单元
企业所得税实验

>> 一、实验目的

1.掌握计税收入的确定。

2.掌握准予扣除项目的范围和标准。

3.掌握不得扣除的项目。

4.掌握企业所得税的优惠政策。

5.掌握企业所得税的计算、缴纳、申报及会计处理。

>> 二、实验要求

1.根据给出的资料，进行账务处理。

2.正确计算企业 2014 年全年应纳税所得额、应纳所得税税额、汇算清缴应补（退）税额。

3.填制企业所得税纳税申报表，见表 4-10。

>> 三、实验资料

（一）企业基本情况

企业名称：南宁华星空调有限责任公司，增值税一般纳税人，税率为 17%

主要经营业务：家用电器的加工和销售：生产 Y 型电风扇、M 型家用空调、S 型商用中央空调三种产品

地址：南宁市西乡塘区 88 号

联系电话：9521234

纳税人识别号：610103589761460

账号：20508333399

开户银行：工商银行南宁市西乡塘分理处

企业法人：刘庆

财务主管：万平，负责审核、编制会计报表

会计：方芳，负责开发票、制单、登记账簿

出纳：王娜，负责处理现金与银行存款收付业务

（二）南宁华星空调有限责任公司的有关账簿资料

1.2014年11月30日有关总账账户余额如表4-1所示，总账明细账户余额表（有关明细账户）如表4-2所示。

表4-1　　　　　　　　　　　2014年11月30日总账账户余额表　　　　　　　　　　单位：元

账户名称	借方余额	账户名称	贷方余额
库存现金	120 000.00	短期借款	5 000 000.00
银行存款	32 000 000.00	应付票据	680 000.00
其他货币资金	180 000.00	应付账款	1 340 000.00
交易性金融资产	200 000.00	应付职工薪酬	1 236 900.00
应收票据	400 000.00	应交税费	1 426 000.00
应收账款	4 200 000.00	应付利息	185 000.00
坏账准备	-42 000.00	应付股利	0.00
预付账款	10 000.00	其他应付款	0.00
其他应收款	0.00	长期借款	17 000 000.00
材料采购	0.00	实收资本	50 000 000.00
原材料	2 600 000.00	盈余公积	1 914 961.40
材料成本差异	12 000.00	利润分配（未分配利润）	8 075 478.00
库存商品	3 500 000.00		
周转材料	600 000.00		
存货跌价准备	-4 000.00		
持有至到期投资	4 140 000.00		
长期股权投资	15 000 000.00		
固定资产	25 180 000.00		
累计折旧	-2 861 160.60		
无形资产	2 000 000.00		
累计摊销	-380 000.00		
递延所得税资产	3 500.00		
合计	86 858 339.40	合计	86 858 339.40

表4-2　　　　2014年11月30日总账明细账户余额表（有关明细账户）　　　　单位：元

账户名称	借方余额	账户名称	贷方余额
库存现金	120 000.00	短期借款	5 000 000.00
银行存款	32 000 000.00	工商银行	5 000 000.00
其他货币资金	180 000.00	应付票据	680 000.00
交易性金融资产	200 000.00	丙公司	680 000.00
应收票据	400 000.00	应付账款	1 340 000.00
应收账款	4 200 000.00	丙公司	1 340 000.00
坏账准备	-42 000.00	应付职工薪酬	1 236 900.00
预付账款	10 000.00	工资	0.00
其他应收款	0.00	职工福利	889 000.00
材料采购	0.00	社会保险费	0.00
原材料	2 600 000.00	养老保险费	0.00
A材料	1 300 000.00	医疗保险费	0.00
B材料	900 000.00	失业保险费	0.00
C材料	400 000.00	生育保险费	0.00
材料成本差异	12 000.00	工伤保险费	0.00
A材料	8 000.00	住房公积金	0.00
B材料	4 000.00	工会经费	126 000.00
库存商品	3 500 000.00	职工教育经费	221 900.00
男西服	2 000 000.00	应交税费	1 426 000.00
女时装	1 200 000.00	应交增值税	489 600.00
羽绒服	300 000.00	应交消费税	0.00
周转材料	600 000.00	应交营业税	0.00
存货跌价准备	-4 000.00	应交城市维护建设税	168 000.00
持有至到期投资	4 140 000.00	应交教育附加	68 960.00
甲公司债券——面值	4 000 000.00	应交所得税	699 440.00
利息调整	140 000.00	应交个人所得税	0.00
长期股权投资	15 000 000.00	应付利息	185 000.00
延安服装有限公司——成本	15 000 000.00	工商银行	185 000.00
固定资产	25 180 000.00	应付股利	0.00
办公楼	7 000 000.00	其他应付款	0.00
生产车间厂房	10 000 000.00	长期借款	17 000 000.00
生产车间生产线	6 000 000.00	建设银行	17 000 000.00
仓库	1 000 000.00	实收资本	50 000 000.00
运输汽车	500 000.00	南宁服装有限公司	25 000 000.00
小轿车	680 000.00	咸阳服装有限公司	20 000 000.00
累计折旧	-2 861 160.40	李大伟	2 000 000.00
办公楼	-609 632.10	刘建设	3 000 000.00
生产车间厂房	-870 903.00		
生产车间生产线	-1 044 958.20		
仓库	-87 090.30		
运输汽车	-87 079.93		
小轿车	-161 486.87		
无形资产	2 000 000.00		
累计摊销	-380 000.00		
递延所得税资产	3 500.00		
合计	86 858 339.40	合计	86 858 339.40

2.2014年11月有关报表资料如表4-3、表4-4所示。

表4-3   **资产负债表**   会企01表

编制单位：南宁华星空调有限责任公司   2014年11月30日   单位：元

账户名称	借方余额	账户名称	贷方余额
流动资产：		流动负债：	
货币资金	32 300 000.00	短期借款	5 000 000.00
交易性金融资产	200 000.00	交易性金融负债	0.00
应收票据	400 000.00	应付票据	680 000.00
应收账款	4 158 000.00	应付账款	1 340 000.00
预付账款	10 000.00	预收账款	0.00
应收利息	0.00	应付职工薪酬	1 236 900.00
应收股利	0.00	应交税费	1 426 000.00
其他应收款	0.00	应付利息	185 000.00
存货	6 708 000.00	应付股利	0.00
一年内到期的流动资产	0.00	其他应付款	0.00
其他流动资产	0.00	一年内到期的非流动负债	0.00
流动资产合计	43 776 000.00	其他流动负债	0.00
非流动资产：		流动负债合计	
可供出售金融资产		非流动负债：	
持有至到期投资	4 140 000.00	长期借款	17 000 000.00
长期应收款		应付债券	0.00
长期股权投资	15 000 000.00	长期应付款	0.00
投资性房地产		专项应付款	0.00
固定资产	22 318 839.40	预计负债	0.00
在建工程		递延所得税负债	0.00
工程物资		其他非流动负债	0.00
固定资产清理		非流动负债合计	
生产性生物资产		负债合计	
油气资产		所有者权益(或股东权益)：	
无形资产	1 620 000.00	实收资本(或股本)	50 000 000.00
开发支出		资本公积	0.00
商誉		减：库存股	0.00
长期待摊费用		盈余公积	1 914 961.40
递延所得税资产	3 500	未分配利润	8 075 478.00
其他非流动资产		所有者权益(或股东权益)合计	
非流动资产合计	43 082 339.40		
资产总计	86 858 339.40	负债和所有者权益(或股东权益)总计	86 858 339.40

表4-4 利润表 会企02表

编制单位：南宁华星空调有限责任公司　2014年11月 单位：元

项　目	本期金额(略)	本年累计金额
一、营业收入		70 690 300 .00
减：营业成本		26 568 240.00
营业税金及附加		18 650 459.00
销售费用		2 089 469.00
管理费用		5 089 400.00
财务费用		226 580.00
资产减值损失		0.00
加：公允价值变动收益(损失以"-"号填列)		0.00
投资收益(损失以"-"号填列)		0.00
其中：对联营企业和合营企业的投资收益		0.00
二、营业利润(亏损以"-"号填列)		18 066 152.00
加：营业外收入		0.00
减：营业外支出		0.00
其中：非流动资产处置损失		0.00
三、利润总额(亏损以"-"号填列)		18 066 152.00
减：所得税费用		4 516 538.00
四、净利润(净亏损以"-"号填列)		13 549 614.00
五、每股收益		
(一)基本每股收益		
(二)稀释每股收益		
(三)其他综合收益		
(四)综合收益总额		

3.企业其他会计核算资料和政策：

（1）会计政策核算原则

①公司执行中华人民共和国财政部2006年2月颁布的《企业会计准则》。

②采用公历年制，即自公历1月1日起至12月31日止为一个会计年度。

③以人民币为记账本位币。

④采用借贷记账法。以权责发生制为记账基础；资产计价采用历史成本法、成本与可变现净值孰低法和公允价值计价法核算，并于年末，按有关规定计提相应的减值准备。

⑤采用科目汇总表账务处理程序。

⑥材料成本采用计划成本法。Y型电风扇每台成本为400元，M型家用空调每台成本为1 100元，S型商用中央空调每套成本为180 000元。

⑦为简化核算，固定资产、无形资产按直线法计提折旧和累计摊销，坏账损失采用备抵法按账龄分析法计提坏账准备。2014年12月计提5 000元坏账准备。2014年1—11月已

◇ 104 ◇ 税法实验教程

计提42 000元坏账准备及4 000元存货跌价准备。

⑧所得税会计采用资产负债表债务法核算。

⑨1—11月管理费用发生5 089 469元，其中：业务招待费91万元；广告费102万元。

（2）税费相关规定

①增值税，向国家税务局缴纳，其纳税期限为1个月，适用的增值税税率为17%。

②城市维护建设税，向地方税务局缴纳，其纳税期限为1个月，适用的城市维护建设税税率为7%，期末汇总核算城市维护建设税。

③教育费附加，向地方税务局缴纳，其纳税期限为1个月，适用的教育费附加征收比率为3%，期末汇总核算教育费附加。

④企业所得税，向地方税务局缴纳，按年计算、分季预缴、年终汇算清缴，适用的所得税税率为25%。2014年企业所得税汇算清缴在2015年5月31日前完成。为实训完整，我们在2014年12月底就完成调整税项。

⑤为方便核算，假设企业其他纳税核算略。

（三）南宁华星空调有限责任公司2014年12月发生的经济业务资料

【业务4-1】1日向汉中民生商厦销售M型家用空调1 000台，售价2 500元/台。货已发出并办妥托收手续，相关凭证见图4-1、图4-2、图4-3、图4-4、图4-5。

附：

广西增值税专用发票

记 账 联

6100062650　　　　　　　　　　　　　　　　　　№ 00671116

开票日期：2014年12月1日

校验码　69736 99469 29691 17931

购货单位	名　称：汉中民生商厦 纳税人识别号：610327221553450 地址、电话：汉中市汉台区16号84537021 开户行及账号：汉中工商银行汉台区支行 23128762381				密码区	1854（*+86769（-+76591（3*） （33/02/-*701085（83-5）7）（9） 49286）57/52-35776*）1189/ 04））94

货物及应税劳务名称	规格型号	单位	数量	单价	金额	税率	税额
M家用空调		台	1 000	2 500.00	2 500 000.00	17%	425 000.00
合计							

价税合计（大写）	⊗贰佰玖拾贰万伍仟元整			（小写）￥2 925 000.00

销货单位	名　称：南宁华星空调有限责任公司 纳税人识别号：610103589761460 地址、电话：南宁市西乡塘区88号8952123 开户行及账号：南宁市工商银行西乡塘分理处 20508333399	备注	610103589761460 发票专用章

收款人：王娜　　　复核：万平　　　开票人：方芳　　　　　　　　销货单位（盖章）：

第一联记账联　销货方记账凭证

图4-1　销售M型家用空调的发展

托收凭证（受理回单）　1　托收号码：5684

委托日期　2014 年 12 月 3 日

业务类型	委托收款(□邮划、□电划)		托收承付(□邮划、☑电划)										
付款人	全称	汉中民生商厦	收款人	全称	南宁华星空调有限责任公司							
	账号	23128762381		账号	20508333399							
	地址	陕西省 汉中市县 开户行 汉中工商银行汉台区支行		地址	广西省 南宁市县 开户行 南宁市工商银行西乡塘分理处							
金额	人民币 (大写) 贰佰玖拾贰万伍仟元整				千	百	十 万	千	百	十	元	角 分
					￥2	9	2 5	0	0	0	0	0 0
款项内容		托收凭据名称										
商品发运情况	已发运		合同名称号码		46321							
备注：		款项收妥日期	收款人开户银行签章									
		年 月 日					年 月 日					

单位主管：　　　　会计：　　　　复核：张强　　　记账：刘云

（南宁市工商银行西乡塘分理处／转讫／2014.12.03 印章）

此联作收款人开户银行给收款人的受理回单

图4-2　销售M型家用空调的托收凭证

出　库　单

领用部门：销售部　　　　　　　　2014 年 12 月 2 日

领用用途：销售

编号	品名	规格	单位	请领数量	实发数量	单价	金　额									备注
							百	十	万	千	百	十	元	角	分	
	M空调	M家用空调	台	1 000	1 000	1 100	1	1	0	0	0	0	0	0	0	
合　　计							1	1	0	0	0	0	0	0	0	

仓库保管员：李萍　　　　　　会计：方芳　　　　　　领用人：张刚

第三联　记账联

图4-3　销售M型家用空调的出库单

转 账 凭 证

年 月 日　　　　　　　　　　　　转字第　　号

摘　要	总账科目	明细科目	√	借方金额										√	贷方金额									
				千	百	十	万	千	百	十	元	角	分		千	百	十	万	千	百	十	元	角	分
合　计																								

财务主管：　　　记账：　　　出纳：　　　审核：　　　制单：

附单据　张

图 4-4　销售 M 型家用空调的转账凭证

转 账 凭 证

年 月 日　　　　　　　　　　　　转字第　　号

摘　要	总账科目	明细科目	√	借方金额										√	贷方金额									
				千	百	十	万	千	百	十	元	角	分		千	百	十	万	千	百	十	元	角	分
合　计																								

财务主管：　　　记账：　　　出纳：　　　审核：　　　制单：

附单据　张

图 4-5　销售 M 型家用空调的转账凭证

【业务4-2】6日销售Y型电风扇，相关凭证见图4-6、图4-7、图4-8、图4-9、图4-10。

附：

广西增值税专用发票

记　账　广联

6100062650

№ 00671117

校验码　69736 99469 29691 17984

开票日期：2014年12月6日

购货单位	名　称：南宁市国贸商厦　纳税人识别号：610103294256108　地址、电话：南宁市明秀西路301号 85370167　开户行及账号：南宁市工商银行明秀西路支行 2890110568760	密码区	1854（*+86769（-+76591（3*）（33/02/-*701085（83-5）77）（9）49286）57/52-35776*）1176/04））48

货物及应税劳务名称	规格型号	单位	数量	单价	金额	税率	税额
电风扇	Y型电风扇	台	1 500	800.00	1 200 000.00	17%	204 000.00
合计							

价税合计（大写）	⊗壹佰肆拾万肆仟元整	（小写）￥1 404 000.00

销货单位	名　称：南宁华星空调有限责任公司　纳税人识别号：610103589761460　地址、电话：南宁市西乡塘区88号 8952123　开户行及账号：南宁市工商银行西乡塘分理处 20508333399	备注	

收款人：王娜　　复核：万平　　开票人：方芳　　　　　　　　销货单位（盖章）：

第一联 记账联 销货方记账凭证

图4-6　销售Y型电风扇的发票

出　库　单

领用部门：销售部　　　　　　　2014年12月6日

领用用途：销售

编号	品名	规格	单位	请领数量	实发数量	单价	金　额								备注
							百	十	万	千	百	十	元	角	分	
	电风扇	Y型电风扇	台	1 500	1 500	400		6	0	0	0	0	0	0	0	
	合　　　计							6	0	0	0	0	0	0	0	

仓库保管员：李萍　　　　会计：方芳　　　　领用人：张刚

第三联 记账联

图4-7　销售Y型电风扇的出库单

中国工商银行**进账单**（收账通知） **3**

2014 年 12 月 7 日　　第 6 号

出票人	全　称	南宁市国贸商厦	收款人	全　称	南宁华星空调有限责任公司
	账　号	2890110568760		账　号	20508333399
	开户银行	南宁市工商银行明秀西路支行		开户银行	南宁市工商银行西乡塘分理处

金额	人民币 (大写) 壹佰肆拾万肆仟元整	亿	千	百	十	万	千	百	十	元	角	分
			¥	1	4	0	4	0	0	0	0	0

票据种类		票据张数	
转账支票		壹	
票据号码			

南宁市工商银行
经开分理处

2014.12.07

转讫

收款人开户银行签章

单位主管:李敏　会计:杨柳　复核:沈强　记账:周明

图 4-8　销售 Y 型电风扇的收账通知

收 款 凭 证

借方科目_____　　　　　年　月　日　　　　　银收字第　号

摘　　要	贷方总账科目	明细科目	√	金　额								
				千	百	十	万	千	百	十	元	角	分
合　计												

财务主管:　　　记账:　　　出纳:　　　审核:　　　制单:

附单据　张

图 4-9　销售 Y 型电风扇的收款凭证

转 账 凭 证

年 月 日　　　　　　　　　　　转字第　号

摘　要	总账科目	明细科目	√	借方金额										√	贷方金额										附单据张
				千	百	十	万	千	百	十	元	角	分		千	百	十	万	千	百	十	元	角	分	
合　计																									

财务主管：　　　记账：　　　出纳：　　　审核：　　　制单：

图 4-10　销售 Y 型电风扇的转账凭证

【业务4-3】12月9日销售M型家用空调，相关凭证见图4-11、图4-12、图4-13、图4-14、图4-15。

广西增值税专用发票

附：
6100062650

记 账 联

№ 00671116

开票日期：2014年12月9日

校验码　69736 99469 29691 17998

购货单位	名　　称：南宁市开元商厦 纳税人识别号：610103294256007 地址、电话：南宁市东大街1号 87413567 开户行及账号：南宁市工商银行东大街支行 24268762296					密码区	1854（*+86769（-+76591（3*）（33/02/-*701085（83-5）77）（9）49286）57/52-35776*）1236/04））47
货物及应税劳务名称	规格型号	单位	数量	单价	金额	税率	税额
M家用空调		台	1 500	2 500.00	3 750 000.00	17%	637 500.00
合　计							
价税合计（大写）	⊗肆佰叁拾捌万柒仟伍佰元整					（小写）￥4 387 500.00	
销货单位	名　　称：南宁华星空调有限责任公司 纳税人识别号：610103589761460 地址、电话：南宁市西乡塘区88号 8952123 开户行及账号：南宁市工商银行西乡塘分理处 20508333399					备注	

收款人：王娜　　复核：万平　　开票人：方芳　　　　　　　　　　销货单位（盖章）：

第一联 记账联 销货方记账凭证

图 4-11　销售 M 型家用空调的发票

出 库 单

领用部门：销售部　　　　　　　　2014 年 12 月 9 日

领用用途：销售

编号	品名	规格	单位	请领数量	实发数量	单价	金额									备注
							百	十	万	千	百	十	元	角	分	
	M空调	M家用空调	台	1 500	1 500	1 100	1	6	5	0	0	0	0	0	0	
合　　计							1	6	5	0	0	0	0	0	0	

仓库保管员：李萍　　　　会计：方芳　　　　领用人：张刚

图 4-12　销售 M 型家用空调的出库单

中国工商银行 进账单（收账通知） 3

2014 年 12 月 10 日　　第 11 号

出票人	全　称	南宁市开元商厦	收款人	全　称	南宁华星空调有限责任公司
	账　号	24268762296		账　号	20508333399
	开户银行	南宁市工商银行东大街支行		开户银行	南宁市工商银行西乡塘分理处

金额	人民币 (大写) 肆佰叁拾捌万柒仟伍佰元整	亿	千	百	十	万	千	百	十	元	角	分
			¥	4	3	8	7	5	0	0	0	0

票据种类	票据张数
转账支票	壹
票据号码	

南宁市工商银行经开分理处 2014.12.10 转讫　收款人开户银行签章

单位主管:李兰　会计:曹娟　复核:王红　记账:袁云

图 4-13　销售 M 型家用空调的进账单

收 款 凭 证

借方科目_____ 年 月 日 银收字第   号

摘　　要	贷方总账科目	明细科目	√	金　额								
				千	百	十	万	千	百	十	元	角	分
合　计													

财务主管：　　记账：　　出纳：　　审核：　　制单：

附单据 张

图4-14　销售M型家用空调的收款凭证

转 账 凭 证

年 月 日 转字第   号

摘　要	总账科目	明细科目	√	借方金额									√	贷方金额								
				千	百	十	万	千	百	十	元	角	分		千	百	十	万	千	百	十	元	角	分
合　计																								

财务主管：　　记账：　　出纳：　　审核：　　制单：

附单据 张

图4-15　销售M型家用空调的转账凭证

【业务4-4】30日收到国债利息收入，相关凭证见图4-16、图4-17。

国　库　券　兑　付　清　单

姓名：南宁华星空调有限责任公司　　　　2014年12月30日　　　　　　　　单位：元

发行年度	本金	每元利息	息	本息	发行年度	本金	每元利息	息	本息
1993		0.30			1999		0.26		
1994		0.42			2000		0.435		
保值公债		0.4242			2001		0.42		
1995		0.42			2002	100 000	0.28	28 000	128 000
1996		0.30							
1997(3)		0.60							
1998(5)		0.7199			合计	100 000		28 000	128 000

初收人：尚小珍　　　　　　　　　　　　　　　　　　　　　　复核人：刘兰

图4-16　国库券兑付清单

收　款　凭　证

年　月　日　　　　　　　　　　转字第　　号

摘　要	总账科目	明细科目	√	借方金额										√	贷方金额										附单据
				千	百	十	万	千	百	十	元	角	分		千	百	十	万	千	百	十	元	角	分	张
合　计																									

财务主管：　　　　记账：　　　　出纳：　　　　审核：　　　　制单：

图4-17　国库券兑付收款凭证

【业务4-5】10日收到政府补贴（国家储备资金）两笔：375万元和63.75万元，请填写凭证，见图4-18。

收　款　凭　证

借方科目＿＿＿＿＿　　　　　　　　年　月　日　　　　　　　　银收字第　　号

摘　要	贷方总账科目	明细科目	√	金　额									
				千	百	十	万	千	百	十	元	角	分
合　计													

财务主管：　　　记账：　　　出纳：　　　审核：　　　制单：

附单据　　张

图 4-18　收到政府补贴收款凭证

【业务 4-6】16 日缴纳罚款，相关凭证见图 4-19、图 4-20、图 4-21。

南宁市行政事业统一收款收据

财 A-14-12　　　　　　支票号：ⅩⅥ10002001

今收到　南宁华星空调有限责任公司＿＿＿＿＿＿＿＿＿＿＿＿＿＿＿

交来　　罚款＿＿＿＿＿＿＿＿＿＿＿＿＿＿＿＿＿＿＿＿＿＿＿＿＿

人民币
（大写）　贰拾万元整＿＿＿＿＿＿＿＿＿＿＿＿＿＿＿＿￥200 000.00

收款单位：　　　　　收款人：　　　　　　　　　2014 年 12 月 16 日

图 4-19　南宁市行政事业统一收款收据

<table>
<tr><td>

中国工商银行

转账支票存根

ⅩⅥ10002001

附加信息＿＿＿＿＿＿＿＿＿＿＿＿

＿＿＿＿＿＿＿＿＿＿＿＿＿＿＿＿

＿＿＿＿＿＿＿＿＿＿＿＿＿＿＿＿

＿＿＿＿＿＿＿＿＿＿＿＿＿＿＿＿

出票日期 2014 年 12 月 16 日

| 收款人:工行西乡塘分理处 |
| 金　额:200 000.00 |
| 用　途:缴纳罚款 |

单位主管　万平　　会计　方芳
</td></tr>
</table>

图 4-20　中国工商银行转账支票

付 款 凭 证

贷方科目＿＿＿＿＿＿＿　　　　年　月　日　　　　　　银付字第　号

摘　　要	借方总账科目	明细科目	√	金　额								
				千	百	十	万	千	百	十	元	角	分
合　　计													

财务主管:　　　记账:　　　出纳:　　　审核:　　　制单:

附单据　　张

图 4-21　罚款付款凭证

【业务 4-7】18 日支付职工教育经费，相关凭证见图 4-22、图 4-23、图 4-24。

南宁市服务业、娱乐业、文化体育业专用发票（卷票）

发票联

INVOICE

发票号码　13911388

密码　████████████████████

机打号码：13911388

机器编号：6101004060

收款单位：南宁新东方教育集团

税号：　6101089878660568

开票日期：2014-12-18

付款单位（个人）：南宁华星空调有限责任公司　收款员：李丽

项目	单价	数量	金额
培训费	3 500.00	200人	700 000.00

小写合计：￥700 000.00

大写合计：人民币

税控码：1289 8008 2977 1229 2869

收款单位（盖章有效）：

图4-22　支付职工教育经费发票

此发票系南宁市地方税务局批准印刷

中国工商银行

转账支票存根

X VI10002003

附加信息

出票日期 2014年12月18日

收款人：南宁新东方教育集团

金　额：700 000.00

用　途：支付培训费

单位主管　万平　会计　方芳

图4-23　中国工商银行转账支票存根

付 款 凭 证

贷方科目 _____　　　　年　月　日　　　　银付字第　号

摘　要	借方总账科目	明细科目	√	金 额
				千 百 十 万 千 百 十 元 角 分
合　计				

财务主管：　　记账：　　出纳：　　审核：　　制单：

附单据　张

图4-24　支付职工教育经费付款凭证

【业务4-8】捐赠支出（通过民政部门批准的相关机构捐出），相关凭证见图4-25、图4-26。

广西壮族自治区捐赠专用票据

2014年11月18日

今收到　南宁华星空调有限责任公司　捐赠　抗震救灾　款项

人民币（大写）壹拾贰万零仟零佰零拾零元零角零分　　　　¥ 120 000.00元

南宁市民营企业协会 ★

现金收讫

单位（公章）　　　财务主管（章）　　　收款人（章）

第三联　收据

图4-25　捐赠专用票据

付　款　凭　证

贷方科目＿＿＿＿＿　　　　年　月　日　　　　　　　银付字第　　号

摘　要	借方总账科目	明细科目	√	金额									
				千	百	十	万	千	百	十	元	角	分
合　计													

财务主管：　　记账：　　　出纳：　　　审核：　　　制单：

附单据　　张

图4-26　捐赠付款凭证

【业务4-9】21日报销业务招待费75万元,凭证见图4-27。

付　款　凭　证

贷方科目＿＿＿＿＿　　　　年　月　日　　　　　　　银付字第　　号

摘　要	借方总账科目	明细科目	√	金额									
				千	百	十	万	千	百	十	元	角	分
合　计													

财务主管：　　记账：　　　出纳：　　　审核：　　　制单：

附单据　　张

图4-27　业务招待费付款凭证

【业务4-10】26日缴纳税款滞纳金70万元,凭证见图4-28。

付　款　凭　证

贷方科目＿＿＿＿＿　　　　　　　年　月　日　　　　　　　银付字第　号

摘　要	借方总账科目	明细科目	√	金　额									
				千	百	十	万	千	百	十	元	角	分
合　计													

财务主管：　　记账：　　出纳：　　审核：　　制单：

附单据　张

图 4-28　税款滞纳金付款凭证

【业务4-11】27日报销职工医药费70万元,凭证见图4-29。

付　款　凭　证

贷方科目＿＿＿＿＿　　　　　　　年　月　日　　　　　　　银付字第　号

摘　要	借方总账科目	明细科目	√	金　额									
				千	百	十	万	千	百	十	元	角	分
合　计													

附单据　张

财务主管：　　记账：　　出纳：　　审核：　　制单：

图 4-29　报销医药费付款凭证

【业务4-12】28日赞助某民办机构60万元,凭证见图4-30。

付 款 凭 证

贷方科目＿＿＿＿＿　　　　年　月　日　　　　　银付字第　号

摘　　要	借方总账科目	明细科目	√	金　额
				千 百 十 万 千 百 十 元 角 分
合　　计				

财务主管：　　　记账：　　　出纳：　　　审核：　　　制单：

附单据　　张

图4-30　赞助支出付款凭证

【业务4-13】26日支付业务招待费80万元,凭证见图4-31。

付 款 凭 证

贷方科目＿＿＿＿＿　　　　年　月　日　　　　　银付字第　号

摘　　要	借方总账科目	明细科目	√	金　额
				千 百 十 万 千 百 十 元 角 分
合　　计				

财务主管：　　　记账：　　　出纳：　　　审核：　　　制单：

附单据　　张

图4-31　业务招待费付款凭证

【业务4-14】26日开出转账支票,支付上月职工工资,工资结算汇总表见表4-5,付款凭证见图4-32、图4-33(全年应发工资672万元,已发放524万元。1—11月职工福利费支出93万元,计提工会经费15万元,职工教育经费支出12.35万元。为方便核算,假设代扣款只是养老保险)。

表 4-5　　　　　　　　　　　　　工资结算汇总表

编制单位：南宁华星空调有限责任公司　2014年12月26日　　　　　　　　　单位：元

职工类别	基本工资	奖金	津贴	缺勤扣款	应付工资	代扣款项	实发工资
生产工人	291 000.00	60 000.00	35 000.00		386 000.00	88 780.00	297 220.00
车间管理人员	56 900.00	20 000.00	15 600.00		92 500.00	21 836.30	70 663.70
行政管理部门人员	53 000.00	15 000.00	13 500.00		81 500.00	20 520.50	60 979.50
合计	400 900.00	95 000.00	64 100.00		560 000.00	131 136.80	428 863.20

审核：万平　　　　　　　　　　　　　　　　　　　　　制单：方芳

（1）代扣款项

付　款　凭　证

贷方科目＿＿＿＿＿＿＿　　　　　年　月　日　　　　　银付字第　　号

摘　要	借方总账科目	明细科目	√	金额 千百十万千百十元角分
合　计				

财务主管：　　记账：　　出纳：　　审核：　　制单：

附单据　　张

图 4-32　代扣款项付款凭证

（2）发放工资

<table>
<tr><td colspan="15" align="center">付　款　凭　证</td></tr>
<tr><td colspan="3">贷方科目_____</td><td colspan="4" align="center">年　月　日</td><td colspan="8" align="right">银付字第　　号</td></tr>
<tr><td rowspan="2" align="center">摘　要</td><td rowspan="2" align="center">借方总账科目</td><td rowspan="2" align="center">明　细　科　目</td><td rowspan="2">√</td><td colspan="11" align="center">金　额</td></tr>
<tr><td>千</td><td>百</td><td>十</td><td>万</td><td>千</td><td>百</td><td>十</td><td>元</td><td>角</td><td>分</td><td></td></tr>
<tr><td></td><td></td><td></td><td></td><td></td><td></td><td></td><td></td><td></td><td></td><td></td><td></td><td></td><td></td><td></td></tr>
<tr><td></td><td></td><td></td><td></td><td></td><td></td><td></td><td></td><td></td><td></td><td></td><td></td><td></td><td></td><td></td></tr>
<tr><td></td><td></td><td></td><td></td><td></td><td></td><td></td><td></td><td></td><td></td><td></td><td></td><td></td><td></td><td></td></tr>
<tr><td></td><td></td><td></td><td></td><td></td><td></td><td></td><td></td><td></td><td></td><td></td><td></td><td></td><td></td><td></td></tr>
<tr><td></td><td></td><td></td><td></td><td></td><td></td><td></td><td></td><td></td><td></td><td></td><td></td><td></td><td></td><td></td></tr>
<tr><td align="center">合　计</td><td></td><td></td><td></td><td></td><td></td><td></td><td></td><td></td><td></td><td></td><td></td><td></td><td></td><td></td></tr>
<tr><td colspan="15">财务主管：　　记账：　　　出纳：　　　审核：　　　制单：</td></tr>
</table>

附单据　张

图4-33　发放工资付款凭证

（3）缴纳职工社会保险费

<table>
<tr><td colspan="15" align="center">付　款　凭　证</td></tr>
<tr><td colspan="3">贷方科目_____</td><td colspan="4" align="center">年　月　日</td><td colspan="8" align="right">银付字第　　号</td></tr>
<tr><td rowspan="2" align="center">摘　要</td><td rowspan="2" align="center">借方总账科目</td><td rowspan="2" align="center">明　细　科　目</td><td rowspan="2">√</td><td colspan="11" align="center">金　额</td></tr>
<tr><td>千</td><td>百</td><td>十</td><td>万</td><td>千</td><td>百</td><td>十</td><td>元</td><td>角</td><td>分</td><td></td></tr>
<tr><td></td><td></td><td></td><td></td><td></td><td></td><td></td><td></td><td></td><td></td><td></td><td></td><td></td><td></td><td></td></tr>
<tr><td></td><td></td><td></td><td></td><td></td><td></td><td></td><td></td><td></td><td></td><td></td><td></td><td></td><td></td><td></td></tr>
<tr><td></td><td></td><td></td><td></td><td></td><td></td><td></td><td></td><td></td><td></td><td></td><td></td><td></td><td></td><td></td></tr>
<tr><td></td><td></td><td></td><td></td><td></td><td></td><td></td><td></td><td></td><td></td><td></td><td></td><td></td><td></td><td></td></tr>
<tr><td align="center">合　计</td><td></td><td></td><td></td><td></td><td></td><td></td><td></td><td></td><td></td><td></td><td></td><td></td><td></td><td></td></tr>
<tr><td colspan="15">财务主管：　　记账：　　　出纳：　　　审核：　　　制单：</td></tr>
</table>

附单据　张

图4-34　缴纳职工社会保险费付款凭证

【业务4-15】30日分配结转本月工资费用,见表4-6,请填写转账凭证，见图4-35、图4-36（全年共分配结转672万元，按比例结转工资费用，50%是家用空调,30%是电风扇,20%是商用中央空调）。

表4-6

工资费用分配表

2014年12月30日

单位：元

应借科目	工资分配额
生产成本	386 000.00
制造费用	92 500.00
管理费用	81 500.00
合　计	560 000.00

财务主管：万平　　　　　　制单：方芳

转　账　凭　证

年　月　日　　　　　　　　转字第　　号

摘　要	总账科目	明细科目	√	借方金额										√	贷方金额									
				千	百	十	万	千	百	十	元	角	分		千	百	十	万	千	百	十	元	角	分
合　计																								

财务主管：　　　记账：　　　出纳：　　　审核：　　　制单：

附单据　张

图4-35　工资结转转账凭证

转 账 凭 证

年 月 日　　　　　　　　　　　转字第　号

摘　要	总账科目	明细科目	√	借方金额 千百十万千百十元角分	√	贷方金额 千百十万千百十元角分	附单据
							张
合　计							

财务主管：　记账：　出纳：　审核：　制单：

图 4-36　工资结转转账凭证

【业务 4-16】销售费用的广告支出，相关凭证见图 4-37、图 4-38、图 4-39。

南宁市广告专用发票（14）　No0105629

客户：南宁华星空调有限责任公司　　地址：　　　　2014年12月28日

产品名称	规格型号	等级	单位	数量	单价	金额 十万千百十元角分
路牌广告	320×180cm		块	800	1 000	8 0 0 0 0 0 0 0
合计 人民币(大写) 捌拾 零万 零仟 零佰 零拾 零元 零角 零分						8 0 0 0 0 0 0 0

销售单位（盖章）：　　　收款人：　　　开票人：

图 4-37　支付广告费的发票

中国工商银行
转账支票存根
ⅩⅥ10002005

附加信息 _____

_____

_____

_____

出票日期 2014 年 12 月 28 日

收款人:南宁大方广告装潢有限责任公司
金 额:800 000.00
用 途:广告费

单位主管　万平　　会计　方芳

图 4-38　支付广告费的转账支票

付 款 凭 证

贷方科目_____　　　　　　年　月　日　　　　　　银付字第　　号

摘　要	借方总账科目	明细科目	√	金　额									
				千	百	十	万	千	百	十	元	角	分
合　计													

财务主管:　　　记账:　　　出纳:　　　审核:　　　制单:

附单据　　张

图 4-39　支付广告费的付款凭证

【业务4-17】固定资产折旧的计算见表4-7，转账凭证见图4-40。

表4-7

固定资产折旧计算分配表

2014年12月30日　　　　　　　　　　　　　　　　单位：元

应借科目	使用部门	月初固定资产原值	月折旧率	月折旧额
制造费用	生产车间	1 585 000.00	0.5%	7 925.00
管理费用	管理部门	200 000.00	0.5%	1 000.00
合　计		1 785 000.00		8 925.00

财务主管：万平　　　　　　　　　　制单：方芳

转　账　凭　证

年　月　日　　　　　　　　　转字第　号

摘　要	总账科目	明细科目	√	借方金额	√	贷方金额	附单据 张
				千百十万千百十元角分		千百十万千百十元角分	
合　计							

财务主管：　　　记账：　　　出纳：　　　审核：　　　制单：

图4-40　计提折旧的转账凭证

【业务4-18】按规定计提坏账准备、按正税计提城建税及教育费附加、预提及预交12月的企业所得税1 082 837.50元，转账凭证见图4-41到图4-44，请填写表4-8、表4-9。

（1）计提坏账准备

转 账 凭 证

年　月　日　　　　　　　　　　　转字第　　号

摘　要	总账科目	明细科目	√	借方金额										√	贷方金额									
				千	百	十	万	千	百	十	元	角	分		千	百	十	万	千	百	十	元	角	分
合　计																								

财务主管：　　　记账：　　　出纳：　　　审核：　　　制单：

附单据　张

图 4-41　计提坏账准备的转账凭证

（2）按正税计提城建税及教育费附加

转 账 凭 证

年　月　日　　　　　　　　　　　转字第　　号

摘　要	总账科目	明细科目	√	借方金额										√	贷方金额									
				千	百	十	万	千	百	十	元	角	分		千	百	十	万	千	百	十	元	角	分
合　计																								

财务主管：　　　记账：　　　出纳：　　　审核：　　　制单：

附单据　张

图 4-42　计提城建税及教育费附加的转账凭证

（3）预提及预缴所得税

转 账 凭 证

年　月　日　　　　　　　　　　　　转字第　号

摘　要	总账科目	明细科目	√	借方金额										√	贷方金额									
				千	百	十	万	千	百	十	元	角	分		千	百	十	万	千	百	十	元	角	分
合　计																								

附单据　张

财务主管：　　　记账：　　　出纳：　　　审核：　　　制单：

图 4-43　预提所得税的转账凭证

付 款 凭 证

贷方科目_____　　　　　年　月　日　　　　　　　银付字第　号

摘　要	借方总账科目	明细科目	√	金　额									
				千	百	十	万	千	百	十	元	角	分
合　计													

附单据　张

财务主管：　　　记账：　　　出纳：　　　审核：　　　制单：

图 4-44　预缴所得税的转账凭证

表4-8　　　　　　　　　　　　　　　利润表　　　　　　　　　　　　　　　会企02表

编制单位：南宁华星空调有限责任公司　　　　　2014年12月　　　　　　　　　金额单位：元

项目	本期金额(略)	本年累计金额
一、营业收入		
减：营业成本		
营业税金及附加		
销售费用		
管理费用		
财务费用		
资产减值损失		
加：公允价值变动收益(损失以"-"号填列)		
投资收益(损失以"-"号填列)		
其中：对联营企业和合营企业的投资收益		
二、营业利润(亏损以"-"号填列)		
加：营业外收入		
减：营业外支出		
其中：非流动资产处置损失		
三、利润总额(亏损以"-"号填列)		
减：所得税费用		
四、净利润(净亏损以"-"号填列)		
五、每股收益		
(一)基本每股收益		
(二)稀释每股收益		
(三)其他综合收益		
(四)综合收益总额		

表4-9

编制单位：南宁华星空调有限责任公司

资产负债表

2014年12月31

会企01表

金额单位：元

账户名称	借方余额	账户名称	贷方余额
流动资产：		流动负债：	
货币资金		短期借款	
交易性金融资产		交易性金融负债	
应收票据		应付票据	
应收账款		应付账款	
预付账款		预收账款	
应收利息		应付职工薪酬	
应收股利		应交税费	
其他应收款		应付利息	
存货		应付股利	
一年内到期的流动资产		其他应付款	
其他流动资产		一年内到期的非流动负债	
流动资产合计		其他流动负债	
非流动资产：		流动负债合计	
可供出售金融资产		非流动负债：	
持有至到期投资		长期借款	
长期应收款		应付债券	
长期股权投资		长期应付款	
投资性房地产		专项应付款	
固定资产		预计负债	
在建工程		递延所得税负债	
工程物资		其他非流动负债	
固定资产清理		非流动负债合计	
生产性生物资产		负债合计	
油气资产		所有者权益(或股东权益)：	
无形资产		实收资本(或股本)	
开发支出		资本公积	
商誉		减:库存股	
长期待摊费用		盈余公积	
递延所得税资产		未分配利润	
其他非流动资产		所有者权益(或股东权益)合计	
非流动资产合计			
资产总计		负债和所有者权益(或股东权益)总计	

【业务4-19】做好年末结账工作，计算全年应纳所得税税额，并填写纳税申报表，见表4-10。

表4-10 **中华人民共和国企业所得税年度纳税申报表（A类）**

税款所属期间： 年 月 日至 年 月 日

纳税人名称：

纳税人识别号：□□□□□□□□□□□□□□□□□□ 金额单位：元（列至角分）

类别	行次	项目	金额
利润总额计算	1	一、营业收入(填附表一)	
	2	减:营业成本(填附表二)	
	3	营业税金及附加	
	4	销售费用(填附表二)	
	5	管理费用(填附表二)	
	6	财务费用(填附表二)	
	7	资产减值损失	
	8	加:公允价值变动收益	
	9	投资收益	
	10	二、营业利润	
	11	加:营业外收入(填附表一)	
	12	减:营业外支出(填附表二)	
	13	三、利润总额(10＋11－12)	
应纳税所得额计算	14	加:纳税调整增加额(填附表三)	
	15	减:纳税调整减少额(填附表三)	
	16	其中:不征税收入	
	17	免税收入	
	18	减计收入	
	19	减、免税项目所得	
	20	加计扣除	
	21	抵扣应纳税所得额	
	22	加:境外应税所得弥补境内亏损	
	23	纳税调整后所得(13＋14－15＋22)	
	24	减:弥补以前年度亏损(填附表四)	
	25	应纳税所得额(23－24)	

续表

类别	行次	项目	金额
应纳税额计算	26	税率（25%）	
	27	应纳所得税额（25×26）	
	28	减：减免所得税额（填附表五）	
	29	减：抵免所得税额（填附表五）	
	30	应纳税额（27－28－29）	
	31	加：境外所得应纳所得税额（填附表六）	
	32	减：境外所得抵免所得税额（填附表六）	
	33	实际应纳所得税额（30＋31－32）	
	34	减：本年累计实际已预缴的所得税额	
	35	其中：汇总纳税的总机构分摊预缴的税额	
	36	汇总纳税的总机构财政调库预缴的税额	
	37	汇总纳税的总机构所属分支机构分摊的预缴税额	
	38	合并纳税（母子体制）成员企业就地预缴比例	
	39	合并纳税企业就地预缴的所得税额	
	40	本年应补（退）的所得税额（33－34）	
附列资料	41	以前年度多缴的所得税额在本年抵减额	
	42	以前年度应缴未缴在本年入库所得税额	

纳税人公章：	代理申报中介机构公章：	主管税务机关受理专用章：
经办人：	经办人及执业证件号码：	受理人：
申报日期：　年　月　日	代理申报日期：　　　年　月　日	受理日期：　年　月　日

第五单元
个人所得税实验

≫ 一、实验目的

1.熟悉我国个人所得税的征收方式。

2.判断不同的个人所得为何类所得，适用何种申报、征收方式。

3.根据业务资料计算应代扣代缴或者应自行申报的个人所得税税额。

4.根据业务资料填制相应的纳税申报表。

5.根据业务资料填制员工工资表，支付现金、支票。

≫ 二、实验要求

1.根据企业的业务资料分别计算相关人员的所得及应代扣代缴的个人所得税。

2.根据有关人员的收入资料分别计算其应纳的个人所得税。

3.根据计算的有关数据和基本资料分别填制"个人所得税基础信息表"、"扣缴个人所得税报告表"、"个人所得税纳税申报表"。

4.分别填写费用报销单（或者付款申请单、现金发放表），编制相关月份职工工资表，按时发放工资，支付现金、支票。

实验一 ▶ 代扣代缴个人所得税

（一）企业基本情况

扣缴义务人名称：佳美制衣股份有限公司

扣缴义务人编码：450101100668811

扣缴义务人组织机构代码：02466651

法定代表人：苏名扬，身份证号码为522322196704062835

财务负责人：张小江，身份证号码为450204197210046533

办税人员：赵雨薇，身份证号码为452501198102170472

注册资本：1 000万元

开户银行及账号：中国工商银行南宁分行青秀支行 3421667721868

单位地址、电话及邮编：南宁市青秀区中兴路28号 0771-2245818 530014

扣缴义务人类型：工业企业

扣缴义务人所属行业：制造业

相关证照见表5-1、图5-1。

表5-1　　　　　　　　　　个人所得税扣缴税款登记表

填表日期：2014 年 5 月 18 日

扣缴义务人编码		450101100668811				
扣缴义务人名称		佳美制衣股份有限公司				
单位地址及邮编		南宁市青秀区中兴路28号　530014				
扣缴义务人类型		工业企业				
法定代表人 （负责人）	姓名	苏名扬				
	联系电话	0771-2245818				
行业		制造业				
财务主管人	姓名	张小江				
	联系电话	0771-2245819				
职工人数		10人				
银行开户登记证号	210012345		发证日期		2012年5月8日	
账户性质	开户银行	账号	开户时间	变更时间	注销时间	备注
基本账户	中国工商银行 南宁分行青秀支行	3421667721868	2012.05.08			

国家税务总局监制

注：账户性质按照基本账户、一般账户、专用账户、临时账户如实填写。

本表一式三份，分别报送国税、地税主管机关一份，自行留存一份。

个人所得税扣缴税款登记证

南地税字[2012]180 号

扣缴义务人名称：佳美制衣股份有限公司

法定代表人（负责人）：苏名扬

地址：南宁市青秀区中兴路28号

扣缴义务人类型：工业企业

行业：制造业

批准设立机关：南宁市工商局

证件有效期：2012 年 5 月—2022 年 5 月

发证税务机关　南宁市地方税务局
2012 年 5 月 18 日

国家税务总局监制

图5-1　个人所得税扣缴税款登记证

2014年年初，佳美制衣股份有限公司（非上市公司）在册员工10人（由于个人所得税实行全员全额申报，为便于计算汇总代扣代缴个人所得税税额，假设员工总数为10

人），具体名单见佳美制衣股份有限公司职工花名册（表5-2）。公司人事部依据公司章程薪酬管理制度，参照南宁市上一年CPI及同行业平均工资水平调整了职工工资，应发工资由基本工资、绩效工资、津贴、奖金、出勤工资、加班费构成，具体金额见佳美制衣股份有限公司职工薪酬构成表（表5-3）。公司人事部依照上一年度12月份员工工资在国家、广西壮族自治区政府规定的比例范围内核定了2014年每月应从职工工资中扣缴的基本养老保险金、医疗保险金、失业保险金、住房公积金，具体缴费基数和扣缴金额见佳美制衣股份有限公司职工"三险一金"扣缴金额表（表5-4）、工会经费表（表5-5）。

公司财务每月25日填制工资表，28日将款项打入银行个人工资账户发放工资。

表5-2　　　　　　　　2014年佳美制衣股份有限公司职工花名册

制表：人事部　　　　　　　　制表时间：2014年1月5日

序号	部门	姓名	类别	职务	级别	身份证号码	备注
1	—	苏名扬	管理人员	总经理	M一	522322196704062835	
2	办公室	李英	管理人员	文员	M五	451203198808151644	
3	销售部	陈成	管理人员	部门经理	M二	332603197003197983	
4	人事部	丁莉	管理人员	部门经理	M三	411405197211283302	
5	财务部	张小江	管理人员	财务主管	M三	450204197210046533	
6	财务部	赵雨薇	管理人员	会计	M四	452501198102170472	
7	生产部	王建国	技术人员	设计师	E二	430205197306243211	
8	生产部	刘武	技术人员	工程师	E一	450105196201091267	
9	生产部	周力波	工人	工人	W二	450105196509133269	
10	生产部	孙红霞	工人	工人	W五	450104197801132246	

表5-3　　　　　　　　2014年佳美制衣股份有限公司职工薪酬构成表

制表：人事部　　　　　　　　制表时间：2014年1月5日　　　　　　　　单位：元

序号	部门	姓名	工资构成						应发工资
			基本工资	绩效工资	津贴	奖金	出勤工资	加班费	
1	—	苏名扬	5 000.00	—	500.00				
2	办公室	李英	2 000.00	1 500.00	200.00				
3	销售部	陈成	2 500.00	5 000.00	800.00				
4	人事部	丁莉	4 000.00	2 500.00	350.00				
5	财务部	张小江	3 500.00	3 000.00	350.00				
6	财务部	赵雨薇	3 000.00	2 000.00	300.00				
7	生产部	王建国	3 500.00	3 500.00	350.00				
8	生产部	刘武	5 500.00	8 000.00	400.00				
9	生产部	周力波	4 800.00	5 000.00	350.00				
10	生产部	孙红霞	1 000.00	800.00	250.00				
	合计		34 800.00	31 300.00	3 850.00				

注：1.应发工资=基本工资+绩效工资+津贴+奖金+出勤工资+加班费；

2. 基本工资、绩效工资、津贴每年由人事部依据公司薪酬管理制度核定，若无升迁年内不变；

3. 奖金、加班费根据实际工作情况和业绩计算；

4. 出勤工资以300元为基数，出全勤方可得300元，根据缺勤天数按日扣减10元，考勤由人事部门负责；

5. 总经理苏名扬实行年薪制，每月只领取基本工资和津贴，年度终了根据其业绩发放效益工资。

表5-4 　　　　2014年佳美制衣股份有限公司职工"三险一金"扣缴表

制表：人事部　　　　　　　制表时间：2014年1月5日　　　　　　　单位：元

序号	部门	姓名	三险一金				小计
			养老保险	医疗保险	失业保险	住房公积金	
1	一	苏名扬	400.00	100.00	50.00	500.00	1 050.00
2	办公室	李英	160.00	40.00	20.00	200.00	420.00
3	销售部	陈成	200.00	50.00	25.00	250.00	525.00
4	人事部	丁莉	320.00	80.00	40.00	400.00	840.00
5	财务部	张小江	280.00	70.00	35.00	350.00	735.00
6	财务部	赵雨薇	240.00	60.00	30.00	300.00	630.00
7	生产部	王建国	280.00	70.00	35.00	350.00	735.00
8	生产部	刘武	440.00	110.00	55.00	550.00	1 155.00
9	生产部	周力波	380.00	100.00	50.00	500.00	1 030.00
10	生产部	孙红霞	80.00	20.00	10.00	100.00	210.00
	合计		2 780.00	700.00	350.00	3 500.00	7 330.00

表5-5 　　　　2014年佳美制衣股份有限公司职工缴交工会经费表

制表：公司工会　　　　　　制表时间：2014年1月5日　　　　　　　单位：元

序号	部门	姓名	类别	职务	级别	缴交工会经费
1	一	苏名扬	管理人员	总经理	M一	25.00
2	办公室	李英	管理人员	文员	M五	10.00
3	销售部	陈成	管理人员	部门经理	M二	15.00
4	人事部	丁莉	管理人员	部门经理	M三	20.00
5	财务部	张小江	管理人员	财务主管	M三	20.00
6	财务部	赵雨薇	管理人员	会计	M四	15.00
7	生产部	王建国	技术人员	设计师	E二	20.00
8	生产部	刘武	技术人员	工程师	E一	25.00
9	生产部	周力波	工人	工人	W二	25.00
10	生产部	孙红霞	工人	工人	W五	5.00
	合计					180.00

（二）佳美制衣股份有限公司2014年的业务资料

【业务5-1】（1）8月10日，公司根据实际情况发放防暑降温补助，见表5-6、表5-

7，款项通过财务部打进各职工工资账户。

表5-6 　　　　　　　　　　　　　　　　　　　费用报销单

报销日期　2014年8月10日 　　　　　　　　　　　　　　　　　　　　　　　附件　1　张

费用项目	类　别	金　额	负责人（签章）	丁莉
发放防暑降温补助		3 800.00		
			审查意见	同意支付
			报销人（签章）	李英
报销金额合计		3 800.00		
核实金额（大写）叁仟捌佰元整				
借款金额（小写）　　　　　　　应退金额　　　　　　　应补金额				

审核：赵雨薇 　　　　　　　　　　　　出纳：李英

表5-7 　　　　　　　**2014年佳美制衣股份有限公司防暑降温补助发放表**

制表时间：2014年8月20日 　　　　　　　　　　　　　　　　　　　　　　　单位：元

序 号	姓 名	部 门	职 务	项 目	金 额	备 注
1	苏名扬	—	总经理	防暑降温补助	300.00	
2	李英	办公室	文员	防暑降温补助	300.00	
3	陈成	销售部	部门经理	防暑降温补助	300.00	
4	丁莉	人事部	部门经理	防暑降温补助	300.00	
5	张小江	财务部	财务主管	防暑降温补助	300.00	
6	赵雨薇	财务部	会计	防暑降温补助	300.00	
7	王建国	生产部	设计师	防暑降温补助	500.00	
8	刘武	生产部	工程师	防暑降温补助	500.00	
9	周力波	生产部	工人	防暑降温补助	500.00	
10	孙红霞	生产部	工人	防暑降温补助	500.00	
11	合计	—	—		3 800.00	

制表人：李英 　　　　　　　　　　　　审核：丁莉

（2）8月22日，公司发放2014年独生子女补助，见表5-8、表5-9，公司提取现金发放给相关职工。

表5-8 　　　　　　　　　　　　　　费用报销单

报销日期　2014年8月22日　　　　　　　　　　　　　　　　　　　　　附件　1　张

费用项目	类　别	金　额	负责人(签章)	丁莉
发放独生子女补助		360.00		
			审查意见	同意支付
			报销人(签章)	李英
报销金额合计		360.00		
核实金额(大写)叁佰陆拾元整				
借款金额(小写)　　　　应退金额　　　　应补金额				

审核：赵雨薇　　　　　　　　　　　　出纳：李英

表5-9 　　　　　**2014年佳美制衣股份有限公司独生子女补助发放表**

制表时间：2014年8月22日　　　　　　　　　　　　　　　　　　　　单位：元

序号	姓名	部门	项目	金额	签名
1	李英	办公室	独生子女补助	60.00	
2	陈成	销售部	独生子女补助	60.00	
3	丁莉	人事部	独生子女补助	60.00	
4	张小江	财务部	独生子女补助	60.00	
5	周力波	生产部	独生子女补助	60.00	
6	孙红霞	生产部	独生子女补助	60.00	
7	合计	—	—	360.00	

制表人：李英　　　　　　　　　　　审核：丁莉

（3）8月25日，人事部根据当月考勤情况计算了出勤工资，见表5-10。

表5-10 　　　　**2014年8月佳美制衣股份有限公司职工考勤表**

制表：人事部　　　　　　制表时间：2014年8月25日

序　号	部　门	姓　名	职　务	出勤天数(天)	出勤工资(元)	备　注
1	—	苏名扬	总经理	—	—	
2	办公室	李英	文员	22	300.00	
3	销售部	陈成	部门经理	22	300.00	
4	人事部	丁莉	部门经理	22	300.00	
5	财务部	张小江	财务主管	22	300.00	
6	财务部	赵雨薇	会计	22	300.00	
7	生产部	王建国	设计师	22	300.00	
8	生产部	刘武	工程师	22	300.00	
9	生产部	周力波	工人	22	300.00	
10	生产部	孙红霞	工人	22	300.00	
11	合计				2 700.00	

制表人：李英　　　　　　　　　　　审核：丁莉

要求：

1.计算8月份员工应发工资、实发工资及代扣代缴的个人所得税；

2.填写费用报销单（或者付款申请单、现金发放表）（表5-26），编制8月份佳美制衣股份有限公司职工工资表（表5-27），按时发放工资；

3.填写"个人所得税基础信息表（A表）"（表5-28）、"扣缴个人所得税报告表"（表5-30）。

【业务5-2】（1）销售部陈成9月11日去上海参加时装发布会，9月15日返回南宁，9月18日到公司财务部报账，差旅费报销单见表5-11。粘贴凭证的飞机票（往返票面金额各1 060元）、住宿费发票（票面金额2 000元）3张单据略。

表5-11　　　　　　　　　　　　　旅差费报销单

部门：销售部　　　　　　　　　填报日期　2014年9月18日

姓名		陈成	出差事由	参加时装发布会			出差日期	自2014年9月11日 至2014年9月15日		共 5 天
起讫地点		起讫时间		车船费		夜间乘车补助费		出差补助费	住宿费	其 他

起	讫	月	日	起	月	日	讫	类别	金额	时间	标准	金额	日数	标准	金额	日数	标准	金额	金额
南宁	上海	9	11		9	11		飞机	1 060.00	小时			5	200.00	1 000.00	4	500.00	2 000.00	
上海	南宁	9	15		9	15		飞机	1 060.00	小时									
小计									2 120.00						1 000.00			2 000.00	

合计：5 120.00 元	（附单据 3 张）
共计金额（大写）　伍仟壹佰贰拾零元零角零分	预支＿＿＿核销＿＿＿退补＿＿＿

主管：张小江　　　　会计：赵雨薇　　　　审核：苏名扬　　　　填报人：陈成

（2）9月25日，公司发放第三季度奖金，见表5-12、表5-13。

表5-12　　　　　　　　　　　　　费用报销单

报销日期　2014年9月25日　　　　　　　　　　　　　　　　　　　　附件　1 张

费用项目	类 别	金 额		
发放三季度奖金		70 000.00	负责人（签章）	苏名扬
			审 查 意 见	同意支付
			报销人（签章）	李英
报销金额合计		￥70 000.00		
核实金额(大写)柒万元整				
借款金额(小写)　　　应退金额　　　应补金额				

审 核：赵雨薇　　　　　　　　　　　出纳：李英

表5-13　　　　　　**佳美制衣股份有限公司2014年第三季度奖金发放表**

制表时间：2014年9月25日　　　　　　　　　　　　　　　　　　　　　　　单位：元

序　号	部　门	姓　名	职　务	三季度奖金	备　注
1	—	苏名扬	总经理		
2	办公室	李　英	文员	2 000.00	
3	销售部	陈　成	部门经理	33 500.00	
4	人事部	丁　莉	部门经理	5 000.00	
5	财务部	张小江	财务主管	4 000.00	
6	财务部	赵雨薇	会计	2 500.00	
7	生产部	王建国	设计师	8 000.00	
8	生产部	刘　武	工程师	10 000.00	
9	生产部	周力波	工人	3 000.00	
10	生产部	孙红霞	工人	2 000.00	
	合　计			70 000.00	

制表人：李英　　　　　　　　　审核：丁莉

（3）9月25日，人事部根据当月考勤情况计算了出勤工资，见表5-14。

表5-14　　　　　　**2014年9月佳美制衣股份有限公司职工考勤表**

制表：人事部　　　　　　　　制表时间：2014年9月25日

序　号	部　门	姓　名	职　务	出勤天数（天）	出勤工资（元）	备　注
1	—	苏名扬	总经理	—	—	
2	办公室	李　英	文员	22	300.00	
3	销售部	陈　成	部门经理	22	300.00	
4	人事部	丁　莉	部门经理	22	280.00	
5	财务部	张小江	财务主管	22	300.00	
6	财务部	赵雨薇	会计	22	280.00	
7	生产部	王建国	设计师	22	300.00	
8	生产部	刘　武	工程师	22	300.00	
9	生产部	周力波	工人	22	300.00	
10	生产部	孙红霞	工人	22	300.00	
11	合　计				2 660.00	

制表人：李英　　　　　　　　　审核：丁莉

要求：

1.计算9月份员工应发工资、实发工资及代扣代缴的个人所得税；

2.填写费用报销单（或者付款申请单、现金发放表）（表5-26），编制9月份佳美制衣股份有限公司职工工资表（表5-27），按时发放工资；

3.填写"扣缴个人所得税报告表"（表5-30）。

【业务5-3】（1）10月份接到一笔订单，要求交货的时间较急，在时间紧、任务重的情况下，国庆黄金周期间公司员工们没能放假，全部加班。10月14日，各部门统计了本部门员工国庆黄金周期间加班情况并报公司办公室，由办公室统一制表通过财务部计发工资的形式发放加班费，见表5-15。

表5-15　　　　　　　　佳美制衣股份有限公司国庆加班费发放表

制表时间：2014年10月14日　　　　　　　　　　　　　　　　　　　　　　单位：元

序　号	姓　名	部　门	职　务	加班费	备　注
1	苏名扬	—	总经理		
2	李　英	办公室	文员	1 000.00	
3	陈　成	销售部	部门经理	1 000.00	
4	丁　莉	人事部	部门经理	1 000.00	
5	张小江	财务部	财务主管	1 000.00	
6	赵雨薇	财务部	会计	1 000.00	
7	王建国	生产部	设计师	2 000.00	
8	刘　武	生产部	工程师	2 000.00	
9	周力波	生产部	工人	2 000.00	
10	孙红霞	生产部	工人	1 800.00	
11	合计	—	—	12 800.00	

制表人：李英　　　　　　　　　　审核：丁莉

（2）著名时装设计师高海波设计了一组名为"早春二月"的春季系列服装，该系列服装设计前卫、时尚新颖，符合年轻人的审美观，预计生产为成衣、批量投放市场将热销并引领时尚潮流。为了提高公司的知名度、增加销售额和盈利，公司打算买下高海波的这组时装设计版权。经与高海波接洽，他同意以10万元（税前）转让给佳美公司。10月10日，公司通过银行转账支付了该笔费用（高海波的身份证号码为440101197010241243，工商银行的账号为23148855690386；高海波为自由职业者，无任职受雇单位，其电话号码为13502283666）。

（3）10月8日，公司一台从国外引进的生产设备发生严重故障，本公司工程技术人员查找不出故障原因，维修不了，遂外请专家杨志坚高级工程师来公司维修设备。杨高工经过仔细检查，终于查出设备故障原因并指导公司工程技术人员将其维修好。杨高工提出的酬劳是不含税收入5万元，由公司为其代付个人所得税税款。公司同意，于10月23日给杨高工开出5万元现金支票（杨高工的身份证号码为120104196608086235，任职受雇单位为德力机修厂，其电话为13288500699）。

（4）10月25日，人事部根据当月考勤情况计算了出勤工资，见表5-16。

表 5-16　　　　　　　**2014 年 10 月佳美制衣股份有限公司职工考勤表**

制表：人事部　　　　　　　制表时间：2014 年 10 月 25 日

序　号	部　门	姓　名	职　务	出勤天数（天）	出勤工资（元）	备　注
1	—	苏名扬	总经理	—	—	
2	办公室	李 英	文员	22	300.00	
3	销售部	陈 成	部门经理	22	300.00	
4	人事部	丁 莉	部门经理	22	300.00	
5	财务部	张小江	财务主管	22	300.00	
6	财务部	赵雨薇	会计	22	300.00	
7	生产部	王建国	设计师	22	300.00	
8	生产部	刘 武	工程师	22	300.00	
9	生产部	周力波	工人	22	300.00	
10	生产部	孙红霞	工人	22	300.00	
11	合计				2 700.00	

制表人：李英　　　　　　　审核：丁莉

要求：

1.计算公司应代扣代缴高海波的个人所得税税额，给高海波开出转账支票（图 5-2）；

2. 计算公司应为杨高工代付的个人所得税税额，给杨高工开出 5 万元现金支票（图 5-3）；

3.计算 10 月份员工应发工资、实发工资及代扣代缴的个人所得税；

4.填写费用报销单（或者付款申请单、现金发放表）（表 5-26），编制 10 月份佳美制衣股份有限公司职工工资表（表 5-27），按时发放工资；

5.填写"个人所得税基础信息表（A 表）"（表 5-28）、"扣缴个人所得税报告表"（表 5-30）。

【业务 5-4】（1）11 月 8 日，公司给股东们发放股息，见表 5-17、表 5-18。

表 5-17　　　　　　　　　　**费用报销单**

报销日期　2014 年 11 月 8 日　　　　　　　　　　　　　附件　1　张

费用项目	类　别	金　额	负责人（签章）	苏名扬
发放股息		120 000.00		
			审查意见	同意支付
			报销人（签章）	李英
报销金额合计		120 000.00		
核实金额(大写)壹拾贰万元整				
借款金额(小写)　　应退金额　　应补金额				

审核：赵雨薇　　　　　　出纳：李英

表5-18　　　　　　　　2014年佳美制衣股份有限公司股东股息发放表

制表时间：2014年11月8日　　　　　　　　　　　　　　　　　　　　　　　单位：元

序号	姓名	身份证号码	股本	股息	签名
1	凌志军	450204196608252235	600 000.00	60 000.00	
2	李春旺	210204195812135421	400 000.00	40 000.00	
3	苏名扬	522322196704062835	100 000.00	10 000.00	
4	丁莉	411405197211283302	50 000.00	5 000.00	
5	刘武	450105196201091267	50 000.00	5 000.00	
	合计		1 200 000.00	120 000.00	

单位负责人：苏名扬　　　　　　制表人：李英　　　　　审核：张小江

（2）为方便员工上下班，公司把几间空余的房间出租给部分员工当宿舍，象征性地收取房租和水电费。11月18日，办公室交给财务部应扣缴房租、水电费的人员名单及金额，见表5-19。

表5-19　　　　　2014年佳美制衣股份有限公司职工房租、水电费扣款表

制表时间：2014年11月18日　　　　　　　　　　　　　　　　　　　　　　单位：元

序号	姓名	部门	房租	水电费	扣款小计
1	李英	办公室	1 200.00	300.00	1 500.00
2	陈成	销售部	1 200.00	400.00	1 600.00
3	王建国	生产部	1 200.00	500.00	1 700.00
4	刘武	生产部	1 200.00	300.00	1 500.00
5	周力波	生产部	1 200.00	500.00	1 700.00
	合计		6 000.00	2 000.00	8 000.00

制表人：李英　　　　　　　　　审核：丁莉

（3）11月20日，公司举行明年春季时装发布会，从丝雨模特公司请来3位时装模特进行时装表演。由于公司销售部经理陈成身材挺拔形象出众，也客串充当男模在T台上宣传本公司产品，人事部丁莉和办公室李英为发布会的筹备和外联奔波操劳，忙前忙后。时装发布会取得圆满成功。

时装发布会之前，公司与模特公司3位时装模特商谈好的出场费是每人4 000元（税前），公司代扣代缴个人所得税。会后，公司按4 000元扣缴个人所得税后的余额支付给3位时装模特出场费（3位时装模特的个人资料见表5-20），同时也给本公司员工陈成、丁莉和李英分别发了2 000元、1 000元、1 000元的劳务费，公司提取现金直接支付，见表5-21。

表5-20　　　　　　　　　　　　　时装模特个人资料

序号	姓名	身份证号码	任职单位
1	刘倩	110506198802166844	丝雨模特公司
2	张美美	312522199011102112	丝雨模特公司
3	潘晓阳	230104198705233746	丝雨模特公司

表5-21　　　　　　　　　　佳美制衣股份有限公司劳务费发放表

制表时间：2014年11月20日　　　　　　　　　　　　　　　　　　　单位：元

序号	姓名	项目	应发金额	扣缴个税	实发金额	签名	备注
1	刘倩	劳务费	4 000.00				已扣个税
2	张美美	劳务费	4 000.00				已扣个税
3	潘晓阳	劳务费	4 000.00				已扣个税
4	陈成	劳务费	2 000.00				未扣个税
5	丁莉	劳务费	1 000.00				未扣个税
6	李英	劳务费	1 000.00				未扣个税
	合计	—	16 000.00				

制表人：李英　　　　　　　　　　审核：陈成

（4）11月25日，人事部根据当月考勤情况计算了出勤工资，见表5-22。

表5-22　　　　　　　2014年11月佳美制衣股份有限公司职工考勤表

制表：人事部　　　　　　　制表时间：2014年11月25日

序号	部门	姓名	职务	出勤天数(天)	出勤工资(元)	备注
1	—	苏名扬	总经理	—	—	
2	办公室	李英	文员	22	300.00	
3	销售部	陈成	部门经理	22	300.00	
4	人事部	丁莉	部门经理	22	300.00	
5	财务部	张小江	财务主管	22	300.00	
6	财务部	赵雨薇	会计	22	300.00	
7	生产部	王建国	设计师	22	300.00	
8	生产部	刘武	工程师	22	300.00	
9	生产部	周力波	工人	22	300.00	
10	生产部	孙红霞	工人	22	300.00	
11	合计				2 700.00	

制表人：李英　　　　　　　　　　审核：丁莉

要求：

1.计算公司应代扣代缴股东取得股息的个人所得税税额；

2.于 11 月 20 日之前填写费用报销单及劳务费发放表（表 5-26、表 5-21），计算公司支付给 3 位模特的劳务费应代扣代缴的个人所得税和实际支付给 3 位模特的金额，以便时装发布会后及时让相关人员签字领取现金；

3.计算 11 月份员工应发工资、实发工资及代扣代缴的个人所得税；

4.填写费用报销单（或者付款申请单、现金发放表）（表 5-26），编制 11 月份佳美制衣股份有限公司职工工资表（表 5-27），按时发放工资；

5.填写"个人所得税基础信息表（A 表）"（表 5-28）、"扣缴个人所得税报告表"（表 5-30）。

【业务 5-5】（1）12 月 25 日，人事部根据当月考勤情况计算了出勤工资，见表 5-23。

表 5-23　　　　　　　　2014 年 12 月佳美制衣股份有限公司职工考勤表

制表：人事部　　　　　　　制表时间：2014 年 12 月 25 日

序号	部门	姓名	职务	出勤天数(天)	出勤工资(元)	备注
1	—	苏名扬	总经理	—	—	
2	办公室	李英	文员	22	300.00	
3	销售部	陈成	部门经理	22	300.00	
4	人事部	丁莉	部门经理	22	300.00	
5	财务部	张小江	财务主管	22	300.00	
6	财务部	赵雨薇	会计	22	300.00	
7	生产部	王建国	设计师	22	300.00	
8	生产部	刘武	工程师	22	300.00	
9	生产部	周力波	工人	22	300.00	
10	生产部	孙红霞	工人	22	300.00	
11	合计				2 700.00	

制表人：李英　　　　　　　　审核：丁莉

（2）12 月 28 日，公司发放年终奖。经考核，总经理苏名扬完成了年初制定的业绩目标，兑现他的效益收入 20 万元，见表 5-24、表 5-25。

表 5-24　　　　　　　　　　费用报销单

报销日期　2014 年　12 月　28 日　　　　　　　　　　　　　　　　　附件　1　张

费用项目	类别	金额		
发放年终奖金		495 000.00	负责人(签章)	苏名扬
			审查意见	同意支付
			报销人(签章)	李英
报销金额合计		495 000.00		
核实金额(大写)肆拾玖万伍仟元整				
借款金额(小写)　　应退金额　　应补金额				

审核：赵雨薇　　　　　　　　出纳：李英

表 5-25　　　　　　　　佳美制衣股份有限公司 2014 年年终奖金发放表

制表时间：2014 年 12 月 28 日　　　　　　　　　　　　　　　　　单位：元

序号	部　门	姓　名	职　务	年终奖金	备　注
1	—	苏名扬	总经理	200 000.00	效益收入
2	办公室	李　英	文员	8 000.00	
3	销售部	陈　成	部门经理	120 000.00	
4	人事部	丁　莉	部门经理	50 000.00	
5	财务部	张小江	财务主管	40 000.00	
6	财务部	赵雨薇	会计	10 000.00	
7	生产部	王建国	设计师	20 000.00	
8	生产部	刘　武	工程师	25 000.00	
9	生产部	周力波	工人	15 000.00	
10	生产部	孙红霞	工人	7 000.00	
	合计			495 000.00	

单位负责人：苏名扬　　会计：赵雨薇　　复核：张小江　　制表人：李英　　审核：丁莉

要求：

1.计算 12 月份员工应发工资、实发工资及代扣代缴的个人所得税；

2.填写费用报销单（或者付款申请单、现金发放表）（表 5-26），编制 12 月份佳美制衣股份有限公司职工工资表（表 5-27），于 12 月 30 日发放工资及年终奖；

3.填写"扣缴个人所得税报告表"（表 5-30）。

实验二　个人所得税自行纳税申报

（一）个人基本情况

姓名：苏名扬

身份证号码：522322196704062835

任职单位名称：佳美制衣股份有限公司

任职单位的扣缴义务人识别号：45010110066881100011

任职单位组织机构代码：02466651

任职单位所属行业：制造业

职务：总经理

职业：企业管理人员

住址：广西南宁市和平区解放路 58 号幸福花园小区 3 栋 1 单元 501 房

邮编：530021　联系电话：13902108688　Email:suyang@163.com

（二）苏名扬 2014 年取得的收入情况

【业务 5-6】作为一名企业管理者，苏名扬的任职单位对其实行工资年薪制，每个月固定领取基本工资5 000元加上津贴500元，年终根据其完成的业绩来决定其应取得的效益工资。2014年年底，经考核，苏名扬的效益工资为20万元，于2014年12月28日兑现。公司已代扣代缴个人所得税（苏名扬任职单位每月从其工资中扣缴的养老保险金为400元，医疗保险金为100元，失业保险金为50元，住房公积金为500元）。

（对工资、薪金所得和利息、股息、红利所得等，因纳税人数众多，不便一一开具代扣代收税款凭证的，经主管税务机关同意，可不开具代扣代收税款凭证，但应通过一定形式告知纳税人已扣缴税款。苏名扬的完税凭证略。）

【业务5-7】11月8日，佳美制衣股份有限公司给股东发放股息，苏名扬取得股息10 000元。公司已代扣代缴个人所得税。

【业务5-8】2008年，为了应对全球金融危机，国家实行宽松的货币政策，银行对按揭贷款购买住宅给予优惠利率。苏名扬把握住机遇，在南宁市解放路幸福花园小区购买了2套住房：一套大户型用于自住，一套小户型用于出租。2014年用于出租的小户型每月房租收入2 000元，无修缮费用支出，每月租房税费支出为150元（完税凭证略）。

【业务5-9】10月15日，苏名扬将老家一套自己名下的4层楼住房出售，取得售房收入50万元。他声称发票遗失，无法准确计算房产转让所得，只能按核定征收方式缴纳个人所得税。实际征收率为1%，应税所得率为5%，计算征收其个人所得税5 000元。

【业务5-10】5月20日，苏名扬购买福利彩票"双色球"，中奖8 000元。

【业务5-11】2014年全年炒股亏损2万元。

【业务5-12】苏名扬撰写的一本书《企业管理20年》由管理科学出版社出版发行，得出版社支付的稿酬1万元。出版社已代扣代缴个人所得税。

要求：

1.计算苏名扬各项所得应纳的个人所得税税额；

2.填写"个人所得税基础信息表（B）表"（表5-29）；

3.填报"个人所得税纳税申报表"（表5-32）。

（三）应填制的相关表格及票证

表5-26　　　　　　　　　　　　　　费用报销单

报销日期　　年　月　日　　　　　　　　　　　　　　　　　　附件　　张

费用项目	类　别	金　额		
			负责人(签章)	
			审查意见	
			报销人(签章)	
报销金额合计				
核实金额(大写)				
借款金额(小写)	应退金额	应补金额		

审核：　　　　　　　　　　　　　　　　　　出纳：

```
┌─────────────────────────┬──────────────────────────────────────────────────────┐
│  中国工商银行            │        🏦  中国工商银行 转账支票                       │
│  转账支票存根            │                                                        │
│                         │  出票日期(大写)    年    月    日   付款行名称：       │
│                         │  收款人：                          出票人账号：        │
│  附加信息 _____        │  人民币                        亿千百十万千百十元角分  │
│                         │  (大写) ▓▓▓▓▓▓▓▓▓▓▓▓                                   │
│          _____         │                                                        │
│                         │  用途 _____             密码 _____              │
│  出票日期  年 月 日     │  上列款项请从              行号 _____              │
│  收款人：               │  我账户内支付                                          │
│  金  额：               │  出票人签章               复核    记账                │
│  用  途：               │                                                        │
│  单位主管   会计        │                                                        │
└─────────────────────────┴──────────────────────────────────────────────────────┘
```

图 5-2　工商银行转账支票

```
┌─────────────────────────┬──────────────────────────────────────────────────────┐
│  中国工商银行            │        🏦  中国工商银行 现金支票                       │
│  现金支票存根            │                                                        │
│                         │  出票日期(大写)    年    月    日   付款行名称：       │
│                         │  收款人：                          出票人账号：        │
│  附加信息 _____        │  人民币                        亿千百十万千百十元角分  │
│                         │  (大写) ▓▓▓▓▓▓▓▓▓▓▓▓                                   │
│          _____         │                                                        │
│                         │  用途 _____             密码 _____              │
│  出票日期  年 月 日     │  上列款项请从                                          │
│  收款人：               │  我账户内支付                                          │
│  金  额：               │  出票人签章               复核    记账                │
│  用  途：               │                                                        │
│  单位主管   会计        │                                                        │
└─────────────────────────┴──────────────────────────────────────────────────────┘
```

图 5-3　工商银行现金支票

表 5-27　　　　　年　月佳美制衣股份有限公司职工工资表

月份：　月　　　　　　　制表时间：　年 月 日　　　　　　　　　单位：元

序号	部门	姓名	各项应发工资							扣税费								实发工资
			基本工资	绩效工资	津贴	补助	出勤工资	加班费	应发工资	养老保险	医疗保险	失业保险	公积金	工会费	其他	个税	扣款小计	
1	一	苏名扬																
2	办公室	李英																
3	销售部	陈成																
4	人事部	丁莉																
5	财务部	张小江																
6	财务部	赵雨薇																
7	生产部	王建国																
8	生产部	刘武																
9	生产部	周力波																
10	生产部	孙红霞																
11	合计																	

单位负责人：　　　会计：　　　复核：　　　制表人：　　　审核：

表 5-28   个人所得税基础信息表（A表）

扣缴义务人名称：

扣缴义务人编码：□□□□□□□□□□□□□□□

序号	姓名	国籍(地区)	身份证件类型	身份证件号码	是否残疾烈属孤老	雇员		非雇员		股东、投资者		境内无住所个人									备注
						电话	电子邮箱	联系地址	电话	工作单位	公司股本(投资)总额	个人股本(投资)额	纳税人识别号	来华时间	任职期限	预计离境时间	预计离境地点	境内职务	境外职务	支付地	境外支付地(国别/地区)	
1																					
2																					
3																					
4																					
5																					
6																					
7																					
8																					
9																					
10																					
11																					
12																					
13																					
14																					

谨声明：此表是根据《中华人民共和国个人所得税法》及其实施条例和国家相关法律法规规定填报的，是真实的、完整的、可靠的。

法定代表人（负责人）签字：   年 月 日

扣缴义务人公章： 经办人：	代理机构（人）签章： 经办人： 经办人执业证件号码：	主管税务机关受理专用章： 受理人：
填表日期：年 月 日	代理申报日期：年 月 日	受理日期：年 月 日

国家税务总局监制

填表说明：

一、适用范围

本表由扣缴义务人填报。适用于扣缴义务人办理全员全额扣缴明细申报时，其支付所得纳税人基础信息的填报。初次申报后，以后月份只需报送基础信息发生变化的纳税人的信息。

二、扣缴义务人填报本表

"姓名、国籍（地区）、身份证件类型、身份证件号码、是否残疾烈属孤老"为所有纳税人的必填项，其余则根据纳税人自身情况选择填报。

三、有关项目填报说明

1.姓名：填写纳税人姓名。中国境内无住所个人，其姓名应当用中、外文同时填写。

2. 国籍（地区）：填写纳税人的国籍或者地区。

3.身份证件类型：填写纳税人有效身份证件（照）名称。中国居民，填写身份证、军官证、士兵证等证件名称；中国境内无住所个人，填写护照、港澳居民来往内地通行证、台湾居民来往大陆通行证等证照名称。

4.身份证件号码：填写身份证件上的号码。

5.是否残疾烈属孤老：有本项所列情况的，填写"是"；否则，填写"否"。

6.雇员栏：本栏填写雇员纳税人的相关信息。

（1）电话：填写雇员纳税人的联系电话。

（2）电子邮箱：填写雇员纳税人的电子邮箱。

7.非雇员栏：填写非扣缴单位雇员的纳税人（不包括股东、投资者）的相关信息。一般填写从扣缴单位取得劳务报酬所得、稿酬所得、特许权使用费所得、利息股息红利所得、财产租赁所得、财产转让所得、偶然所得、其他所得的纳税人的相关信息。

（1）联系地址：填写非雇员纳税人的联系地址。

（2）电话：填写非雇员纳税人的联系电话。

（3）工作单位：填写非雇员纳税人的任职受雇单位名称全称。没有任职受雇单位的，则不填。

8.股东、投资者栏：填写扣缴单位的自然人股东、投资者的相关信息。没有则不填。

（1）公司股本（投资）总额：填写扣缴单位的公司股本（投资）总额。

（2）个人股本（投资）额：填写自然人股东、投资者个人投资的股本（投资）额。

9.境内无住所个人栏：填写在中国境内无住所个人的相关信息。没有则不填。

（1）纳税人识别号：填写主管税务机关赋予的18位纳税人识别号。该纳税人识别号作为境内无住所个人的唯一身份识别码，由纳税人到主管税务机关办理初次涉税事项，或者扣缴义务人办理该纳税人初次扣缴申报时，由主管税务机关赋予。

（2）来华时间：填写纳税人到达中国境内的年月日。

（3）任职期限：填写纳税人在中国境内任职受雇单位的任职期限。

（4）预计离境时间：填写纳税人预计离境的年月日。

（5）预计离境地点：填写纳税人预计离境的地点。

（6）境内职务：填写纳税人在境内任职受雇单位担任的职务。

（7）境外职务：填写纳税人在境外任职受雇单位担任的职务。

（8）支付地：填写纳税人取得的所得的支付地，在"境内支付"、"境外支付"和"境、内外同时支付"三种类型中选择一种填写。

（9）境外支付地国别（地区）：如果纳税人取得的所得的支付地为国外，填写境外支付地的国别或地区名称。

表 5-29　　　　　　　　　　　个人所得税基础信息表（B表）

姓名		身份证件类型		身份证件号码											
纳税人类型		□有任职受雇单位　□无任职受雇单位(不含股东投资者)　□投资者　□无住所个人（可多选）													
任职受雇单位名称及纳税人识别号															
"三费一金"缴纳情况	□基本养老保险费 □基本医疗保险费 □失业保险费　□住房公积金　□无（可多选）					电子邮箱									
境内联系地址	_____省_____市_____区(县) _____					邮政编码									
联系电话	手机:_____固定电话:_____					职业									
职务	○高层　○中层　○普通（只选一）					学历									
是否残疾人/烈属/孤老	□残疾　□烈属　□孤老　□否					残疾等级情况									
该栏仅由有境外所得纳税人填写	○户籍所在地 ○经常居住地	_____省_____市_____区(县)_____　　邮政编码_____													
该栏仅由投资者纳税人填写		投资者类型	□个体工商户　　　□个人独资企业投资者　　□合伙企业合伙人 □承包、承租经营者　□股东　　　　　　　□其他投资者　　　（可多选）													
	被投资单位信息	名称			扣缴义务人编码											
		地址			邮政编码											
		登记注册类型			行业											
		所得税征收方式(只选一)	○查账征收 ○核定征收		主管税务机关											
	以下由股东及其他投资者填写															
	公司股本(投资)总额				个人股本(投资)额											
该栏仅由无住所纳税人填写		纳税人识别号														
		国籍(地区)			出生地											
		性别			出生日期		___年_月_日								
		劳动就业证号码			是否税收协定缔约国对方居民		○是　○否								
		境内职务			境外职务										
		来华时间			任职期限										
		预计离境时间			预计离境地点										
	境内任职受雇单位	名称			扣缴义务人编码										
		地址			邮政编码										
	境内受聘签约单位	名称			扣缴义务人编码										
		地址			邮政编码										
	境外派遣单位	名称			地址										
		支付地	○境内支付　○境外支付 ○境内、外同时支付（只选一）		境外支付国国别(地区)										

谨声明：此表是根据《中华人民共和国个人所得税法》及其实施条例和国家相关法律法规规定填写的，是真实的、完整的、可靠的。 纳税人签字：　　　年　月　日	
代理机构(人)签章： 经办人： 经办人执业证件号码：	主管税务机关受理专用章： 受理人：
填表(代理申报)日期：年　月　日	受理日期：年　月　日

国家税务总局监制

填表说明：

一、适用范围

本表适用于自然人纳税人基础信息的填报。

各地税务机关可根据本地实际，由自然人纳税人初次向税务机关办理相关涉税事宜时填报本表；初次申报后，以后仅需在信息发生变化时填报。

二、本表各栏填写

（一）表头栏

1.姓名：填写纳税人姓名。中国境内无住所个人，其姓名应当分别用中、外两种文字填写。

2.身份证件类型：填写纳税人有效身份证件（照）名称。中国居民，填写身份证、军官证、士兵证等证件名称；中国境内无住所个人，填写护照、港澳居民来往内地通行证、台湾居民来往大陆通行证等证照名称。

3.身份证件号码：填写身份证件上的号码。

4.纳税人类型：纳税人根据自身情况在对应框内打"√"，可多选。

（1）有任职受雇单位：是指纳税人有固定任职受雇单位。

（2）无任职受雇单位（不含股东投资者）：是指纳税人为自由职业者，没有与任何单位签订任职受雇合同；不含企业股东、个体工商户、个人独资企业投资者、合伙企业合伙人、承包承租经营者。

（3）投资者：是指有对外投资的纳税人。

（4）无住所个人：是指在中国境内无住所的纳税人。"无住所"是相对有住所而言；在中国境内有住所的个人，是指因户籍、家庭、经济利益关系而在中国境内习惯性居住的个人。

5.任职受雇单位名称及纳税人识别号：填写纳税人签订任职受雇合同的单位名称全称及在税务机关办理登记时的纳税人识别号。前列填名称，后列填纳税人识别号。与多家单位签订合同的，须分行列示。没有则不填。

6."三费一金"缴纳情况：纳税人根据自己缴纳社会保险费情况在"基本养老保险费"、"基本医疗保险费"、"失业保险费"、"住房公积金"对应框内打"√"；如果都没有缴纳的，在"无"栏打"√"。

7.电子邮箱：填写税务机关能与纳税人联系的电子邮箱地址。

8.境内联系地址、邮政编码：填写税务机关能与纳税人联系的有效中国境内联系地址和邮政编码。

9.联系电话：填写税务机关能与纳税人联系的电话。

10.职业：填写纳税人所从事的职业。职业分类按劳动和社会保障部门的国标填写。

11.职务：填写纳税人在任职受雇单位所担任的职务，在"高层"、"中层"、"普通"三项前选择其一打"√"。

12.学历：填写纳税人取得的最终学历。

13.是否残疾人/烈属/孤老：符合本栏情况的，在对应框前打"√"；否则，在"否"栏打"√"。

（二）有境外所得的纳税人填写栏

纳税人从中国境外取得所得的，填写本栏；没有则不填。

纳税人在选填此栏时，应根据《国家税务总局关于印发〈个人所得税自行纳税申报办法（试行）〉的通知》第十一条第二款"从中国境外取得所得的，向中国境内户籍所在地主管税务机关申报。在中国境内有户籍，但户籍所在地与中国境内经常居住地不一致的，选择并固定向其中一地主管税务机关申报。在中国境内没有户籍的，向中国境内经常居住地主管税务机关申报"的规定选择填写。

选择后，纳税人在"户籍所在地"或"经常居住地"对应框内打"√"并填写具体地址。

（三）投资者纳税人填写栏

由自然人股东、投资者填写。如果没有对外投资的，则不填。

1.投资者类型：纳税人根据自身情况在对应框内打"√"，可多选。

2.被投资单位信息：填写纳税人对外投资单位的有关信息。

（1）纳税人名称：填写税务机关核发的被投资单位税务登记证载明的纳税人名称全称。投资多家单位的，需分别列示。

（2）扣缴义务人编码：填写税务机关核发的税务登记证号码。

（3）地址、邮政编码：填写投资者投资单位的地址和邮政编码。

（4）登记注册类型：填写被投资单位在工商行政管理机关登记注册的类型，分内资企业（国有企业、集体企业、股份合作企业、联营企业、有限责任公司、股份有限公司、私营企业和其他企业）、港澳台商投资企业和外商投资企业三大类。（注：内资企业需填至括号内的企业类型。）

（5）行业：按照国民经济行业分类国家标准填写至大类。

（6）所得税征收类型：填写被投资单位所得税的征收方式。

（7）主管税务机关：填写被投资单位的主管税务机关名称。

（8）股东及其他投资者填写栏：由自然人股东和其他投资者填写。个体工商户主、个人独资企业投资者、合伙企业合伙人、承包承租经营者不填写此栏。

①公司股本（投资）总额：填写被投资单位的公司股本（投资）总额。

②个人股本（投资）总额：填写自然人股东、投资者在被投资单位个人投资的股本（投资）额。

（四）无住所纳税人填写栏：由在中国境内无住所纳税人填写。其他则不填。

（1）纳税人识别号：填写主管税务机关赋予的18位纳税人识别号。该纳税人识别号作为境内无住所个人的唯一身份识别码，由纳税人到主管税务机关办理初次涉税事项，或者扣缴义务人办理该纳税人初次扣缴申报时，由主管税务机关赋予。

（2）国籍（地区）：填写纳税人的国籍或者地区。

（3）出生地：填写纳税人出生地的国籍及地区。

（4）劳动就业证号码：填写纳税人在中国境内劳动就业证上的号码。

（5）境内职务：填写该纳税人在境内公司担任的职务。

（6）境外职务：填写该纳税人在境外公司担任的职务。

（7）是否税收协定缔约国对方居民：纳税人来自于与中国签订避免双重征税协定的国家或地区的，在"是"栏对应框内打"√"；否则，在"否"栏打"√"。

（8）来华时间：填写纳税人到达中国境内的年月日。

（9）任职期限：填写纳税人在任职受雇单位的任职期限。

（10）预计离境时间：填写纳税人预计离境的年月日。

（11）预计离境地点：填写纳税人预计离境的地点。

（12）境内任职受雇单位：填写纳税人签订任职受雇合同的单位的相关信息。如果填写本栏，则境内受聘签约单位栏不用填写。

①名称：填写纳税人任职受雇单位的名称全称。

②扣缴义务人编码：填写税务机关确定的任职受雇单位的税务编码号码。

③地址、邮政编码：填写任职受雇单位的地址和邮政编码。

（13）境内受聘签约单位：填写纳税人受聘或签约单位的相关信息。如果填写本栏，则上栏境内任职受雇单位栏则不用填写。

①名称：填写纳税人受聘签约单位的名称全称。

②扣缴义务人编码：填写税务机关确定的受聘签约单位的税务编码号码。

③地址、邮政编码：填写受聘签约单位的地址和邮政编码。

（14）境外派遣单位：如果纳税人有境外派遣单位的，填写本栏。否则不填写。

①名称：填写纳税人境外派遣单位的名称全称，用中、外两种文字填写。

②地址：填写境外派遣单位的地址。

（15）支付地：填写纳税人取得的所得的支付地，在"境内支付"、"境外支付"和"境、内外同时支付"三种类型中选择一种填写。

（16）境外支付地国别（地区）：如果纳税人取得的所得的支付地为国外的，填写境外支付地的国别或地区名称。

表5-30

扣缴个人所得税报告表

税款所属期： 年 月 日至 年 月 日

扣缴义务人名称：

扣缴义务人编码：□□□□□□□□□□□□□□□

扣缴义务人所属行业：□一般行业 □特定行业月份申报

金额单位：人民币元（列至角分）

序号	姓名	身份证件类型	身份证件号码	所得项目	所得期间	收入额	免税所得	税前扣除项目								减除费用	准予扣除的捐赠额	应纳税所得额	税率（%）	速算扣除数	应纳税额	减免税额	应扣缴税额	已扣缴税额	应补（退）税额	备注
								基本养老保险费	基本医疗保险费	失业保险费	住房公积金	财产原值	允许扣除的税费	其他	合计											
1	2	3	4	5	6	7	8	9	10	11	12	13	14	15	16	17	18	19	20	21	22	23	24	25	26	27
合 计																										

谨声明：此扣缴报告表是根据《中华人民共和国个人所得税法》及其实施条例和国家有关税收法律法规规定填写的，是真实的、完整的、可靠的。

法定代表人（负责人）签字：

扣缴义务人公章：　　　　　　代理机构（人）签章：　　　　　主管税务机关受理专用章：

经办人：　　　　　　　　　　经办人：　　　　　　　　　　　受理人：

　　　　　　　　　　　　　　经办人执业证件号码：

填表日期：年 月 日　　　　　代理申报日期：年 月 日　　　　受理日期：年 月 日

国家税务总局监制

填表说明：

一、适用范围

本表适用于扣缴义务人办理全员全额扣缴个人所得税申报（包括向个人支付应税所得，但低于减除费用、不需扣缴税款情形的申报），以及特定行业职工工资、薪金所得个人所得税的月份申报。

二、申报期限

次月十五日内。扣缴义务人应于次月十五日内将所扣税款缴入国库，并向税务机关报送本表。扣缴义务人不能按规定期限报送本表时，应当按照《中华人民共和国税收征收管理法》及其实施细则有关规定办理延期申报。

三、本表各栏填写

（一）表头项目

1.税款所属期：为税款所属期月份第一日至最后一日。

2.扣缴义务人名称：填写实际支付个人所得的单位（个人）的法定名称全称或姓名。

3.扣缴义务人编码：填写办理税务登记或扣缴登记时，由主管税务机关所确定的扣缴义务人税务编码。

4.扣缴义务人所属行业：扣缴义务人按以下两种情形在对应框内打"√"。

（1）一般行业：是指除《中华人民共和国个人所得税法》（以下简称《个人所得税法》）及其实施条例规定的特定行业以外的其他所有行业。

（2）特定行业：指符合《个人所得税法》及其实施条例规定的采掘业、远洋运输业、远洋捕捞业以及国务院财政、税务主管部门确定的其他行业。

（二）表内各栏

1.一般行业的填写。

（1）第2列"姓名"：填写纳税人姓名。中国境内无住所个人，其姓名应当用中、外文同时填写。

（2）第3列"身份证件类型"：填写能识别纳税人唯一身份的有效证照名称。

①在中国境内有住所的个人，填写身份证、军官证、士兵证等证件名称。

②在中国境内无住所的个人，如果税务机关已赋予18位纳税人识别号的，填写"税务机关赋予"；如果税务机关未赋予的，填写护照、港澳居民来往内地通行证、台湾居民来往大陆通行证等证照名称。

（3）第4列"身份证件号码"：填写能识别纳税人唯一身份的号码。

①在中国境内有住所的纳税人，填写身份证、军官证、士兵证等证件上的号码。

②在中国境内无住所的纳税人，如果税务机关赋予18位纳税人识别号的，填写该号码；没有的，填写护照、港澳居民来往内地通行证、台湾居民来往大陆通行证等证照上的号码。

税务机关赋予境内无住所个人的18位纳税人识别号，作为其唯一身份识别码，由纳税人到主管税务机关办理初次涉税事项，或扣缴义务人办理该纳税人初次扣缴申报时，由主管税务机关赋予。

（4）第5列"所得项目"：按照《个人所得税法》第二条规定的项目填写。同一纳税人有多项所得时，分行填写。

（5）第6列"所得期间"：填写扣缴义务人支付所得的时间。

（6）第7列"收入额"：填写纳税人实际取得的全部收入额。

（7）第 8 列"免税所得"：是指《个人所得税法》第四条规定可以免税的所得。

（8）第 9～16 列"税前扣除项目"：是指按照《个人所得税法》及其他法律法规规定，可在税前扣除的项目。

（9）第 17 列"减除费用"：是指《个人所得税法》第六条规定可以在税前减除的费用。没有的，则不填。

（10）第 18 列"准予扣除的捐赠额"：是指按照《个人所得税法》及其实施条例和相关税收政策规定，可以在税前扣除的捐赠额。

（11）第 19 列"应纳税所得额"：根据相关列次计算填报。

第 19 列＝第 7 列－第 8 列－第 16 列－第 17 列－第 18 列

（12）第 20 列"税率"及第 21 列"速算扣除数"：按照《个人所得税法》第三条规定填写。部分所得项目没有速算扣除数的，则不填。

（13）第 22 列"应纳税额"：根据相关列次计算填报。

第 22 列＝第 19 列×第 20 列－第 21 列

（14）第 23 列"减免税额"：是指符合《个人所得税法》规定可以减免的税额。其中，纳税人取得"稿酬所得"时，其根据《个人所得税法》第三条规定可按应纳税额减征的 30%，填入此栏。

（15）第 24 列"应扣缴税额"：根据相关列次计算填报。

第 24 列＝第 22 列－第 23 列

（16）第 25 列"已扣缴税额"：是指扣缴义务人当期实际扣缴的个人所得税税款。

（17）第 26 列"应补（退）税额"：根据相关列次计算填报。

第 26 列＝第 24 列－第 25 列

（18）第 27 列"备注"：填写非本单位雇员、非本期收入及其他有关说明事项。

（19）对不是按月发放的工资薪金所得，其适用"工资、薪金所得"个人所得税的填报，则不完全按照上述逻辑关系填写。

2.特定行业月份申报的填写。

（1）第 2～6 列的填写：同上"一般行业"的填写。

（2）第 7～19 列、第 22～26 列的数据口径同上"一般行业"对应项目，金额按以下原则填写：

①第 7 列"收入额"：是指本月实际发放的全部收入额。

②第 8～16 列的填写：填写当月实际发生额。

③第 17 列"减除费用"：是指《个人所得税法》第六条规定可以在税前减除的费用额。没有的，则不填。

④第 18 列"准予扣除的捐赠额"：准予扣除的捐赠额，按纳税人捐赠月份的实际收入额来计算。

⑤第 19 列"应纳税所得额"：根据相关列次计算填报。

第 19 列＝第 7 列－第 8 列－第 16 列－第 17 列－第 18 列

⑥第 20 列"税率"及第 21 列"速算扣除数"：按照《个人所得税法》第三条规定填写。

⑦第 22 列"应纳税额"：特定行业个人所得税月份申报时，"应纳税额"为预缴所得税额。根据相关列次计算填报。

第 22 列＝第 19 列×第 20 列－第 21 列

表5-31

特定行业个人所得税年度申报表

税款所属期：　年　月　日至　年　月　日

扣缴义务人名称：

扣缴义务人编码：□□□□□□□□□□□□□□□

金额单位：人民币元（列至角分）

序号	姓名	身份证件类型	身份证件号码	所得项目	所得期间	全年收入额	年免税所得	年税前扣除项目						年减除费用	准予扣除的捐赠额	月平均应纳税所得额	税率(%)	速算扣除数	月平均应纳税额	年应纳税额	年应扣缴减免税额	年预缴税额	应补(退)税额	备注
								基本养老保险费	基本医疗保险费	失业保险费	住房公积金	其他	合计											
1	2	3	4	5	6	7	8	9	10	11	12	13	14	15	16	17	18	19	20	21	22	23	24	25

谨声明：此扣缴报告表是根据《中华人民共和国个人所得税法》及其实施条例和国家有关税收法律法规填写的，是真实的、完整的、可靠的。

法定代表人(负责人)签字：　　　年　月　日

扣缴义务人公章：

经办人：

代理机构(人)签章：

经办人：

经办人执业证件号码：

主管税务机关受理专用章：

受理人：

　年　月　日

填表日期：　年　月　日　　　代理申报日期：　年　月　日　　　受理日期：　年　月　日

国家税务总局监制

填表说明：

一、适用范围

本表适用于特定行业工资、薪金所得个人所得税的年度申报。

特定行业，指符合《中华人民共和国个人所得税法实施条例》（以下简称《个人所得税法实施条例》）第四十条规定的采掘业、远洋运输业、远洋捕捞业以及国务院财政、税务主管部门确定的其他行业。

二、申报期限

年度终了之日起30日内。扣缴义务人不能按规定期限报送本表时，应当按照《中华人民共和国税收征收管理法》（以下简称《税收征管法》）及其实施细则有关规定办理延期申报。

三、本表各栏填写

（一）表头项目

1.税款所属期：为税款所属期的公历年度。

2.扣缴义务人名称：填写实际支付个人工资、薪金所得的单位的法定名称全称。

3.扣缴义务人编码：填写办理税务登记或扣缴登记时，由主管税务机关所确定的扣缴义务人税务编码。

（二）表内各栏

1.第2列"姓名"：填写纳税人姓名。中国境内无住所个人，其姓名应当用中、外文同时填写。

2.第3列"身份证件类型"：填写能识别纳税人唯一身份的有效证照名称。

（1）在中国境内有住所的个人，填写身份证、军官证、士兵证等证件名称。

（2）在中国境内无住所的个人，如果税务机关已赋予18位纳税人识别号的，填写"税务机关赋予"；如果税务机关未赋予的，填写护照、港澳居民来往内地通行证、台湾居民来往大陆通行证等证照名称。

3.第4列"身份证件号码"：填写能识别纳税人唯一身份的号码。

（1）在中国境内有住所的纳税人，填写身份证、军官证、士兵证等证件上的号码。

（2）在中国境内无住所的纳税人，如果税务机关赋予18位纳税人识别号的，填写该号码；没有的，则填写护照、港澳居民来往内地通行证、台湾居民来往大陆通行证等证照上的号码。

税务机关赋予境内无住所个人的18位纳税人识别号，作为其唯一身份识别码，由纳税人到主管税务机关办理初次涉税事项，或扣缴义务人办理该纳税人初次扣缴申报时，由主管税务机关赋予。

4.第5列"所得项目"：在本表中仅指"工资、薪金所得"。

5.第6列"所得期间"：在本表中，填写税款所属期的公历年度。

6.第7列"全年收入额"：填写纳税人全年实际取得的工资、薪金收入总额。

7.第8列"年免税所得"：是指《个人所得税法》第四条规定可以免税的所得的全年汇总额。

8.第9～14列"年税前扣除项目"：

（1）第9～12列"基本养老保险费、基本医疗保险费、失业保险费、住房公积金"四项，分别填写该纳税人缴纳该项费（金）的全年汇总额。

（2）第13列"其他"：是指法律法规规定其他可以在税前扣除的项目。

（3）第14列"合计"：为对应项目的合计数。

第14列＝第9列＋第10列＋第11列＋第12列＋第13列

9.第15列"年减除费用"：是指《个人所得税法》第六条规定可以在计税前减除的费用的全年合计额。

10.第16列"准予扣除的捐赠额"：是指按照《个人所得税法》及其实施条例和相关税收政策规定，可以在税前扣除的捐赠额。

11.第17列"月平均应纳税所得额"：按前列计算出的数额按月进行平均后的应纳税所得额。

第17列＝（第7列－第8列－第14列－第15列－第16列）÷12个月

12.第18列"税率"及第19列"速算扣除数"：按照《个人所得税法》第三条规定，根据第17列计算值查找适用税率及速算扣除数。

13.第20列"月平均应纳税额"：根据相关列次计算填报。

第20列＝第17列×第18列－第19列

14.第21列"年应扣缴税额"：是指全年应扣缴的税额。根据相关列次计算填报。

第21列＝第20列×12个月

15.第22列"减免税额"：是指按照《个人所得税法》和其他有关法律法规规定可以减免的税额。

16.第23列"年预缴税额"：是指扣缴义务人全年已扣缴的个人所得税总额。

17.第24列"应补（退）税额"：根据相关列次计算填报。

第24列＝第21列－第22列－第23列

表5-32

个人所得税纳税申报表

（适用于年所得12万元以上的纳税人申报）

所得年份：　　　年　　　　　　　　　　填表日期：　　年　　月　　日　　　　　　　　　　金额单位：人民币元（列至角分）

纳税人姓名		国籍（地区）		身份证照类型		身份证照号码	
任职、受雇单位		任职、受雇单位代码		任职受雇单位所属行业		职务	职业
在华天数		境内有效联系地址		境内有效联系地址邮编		联系电话	
此行由取得经营所得的纳税人其写	经营单位纳税人识别号			经营单位纳税人名称			

所得项目	年所得额			应纳税所得额	应纳税额	已缴（扣）税额	抵扣税额	减免税额	应补税额	应退税额	备注
	合计	境内	境外								
1. 工资、薪金所得											
2. 个体工商户的生产、经营所得											
3. 对企事业单位的承包经营、承租经营所得											
4. 劳务报酬所得											
5. 稿酬所得											
6. 特许权使用费所得											
7. 利息、股息、红利所得											
8. 财产租赁所得											
9. 财产转让所得											
其中：股票转让所得					—	—	—	—	—	—	
个人房屋转让所得											
10. 偶然所得											
11. 其他所得											
合　计											

我声明，此纳税申报表是根据《中华人民共和国个人所得税法》及有关法律、法规的规定填报的，我保证它是真实的、可靠的、完整的。

纳税人（签字）：

代理人（签章）：　　　　　　　　　税务机关受理时间：　　年　　月　　日　　　　　　受理申报税务机关名称（盖章）：
联系电话：
税务机关受理人（签字）：

填表说明：

一、本表根据《个人所得税法》及其实施条例和《个人所得税自行纳税申报办法（试行）》制定，适用于年所得12万元以上纳税人的年度自行申报。

二、负有纳税义务的个人，可以由本人或者委托他人于纳税年度终了后3个月以内向主管税务机关报送本表。不能按照规定期限报送本表时，应当在规定的报送期限内提出申请，经当地税务机关批准，可以适当延期。

三、填写本表应当使用中文，也可以同时用中、外两种文字填写。

四、本表各栏的填写说明如下：

（一）所得年份和填表日期：申报所得年份：填写纳税人实际取得所得的年度；填表日期，填写纳税人办理纳税申报的实际日期。

（二）身份证照类型：填写纳税人的有效身份证照（居民身份证、军人身份证件、护照、回乡证等）名称。

（三）身份证照号码：填写中国居民纳税人的有效身份证照上的号码。

（四）任职、受雇单位：填写纳税人的任职、受雇单位名称。纳税人有多个任职、受雇单位时，填写受理申报的税务机关主管的任职、受雇单位。

（五）任职、受雇单位税务代码：填写受理申报的任职、受雇单位在税务机关办理税务登记或者扣缴登记的编码。

（六）任职、受雇单位所属行业：填写受理申报的任职、受雇单位所属的行业。其中，行业应按国民经济行业分类标准填写，一般填至大类。

（七）职务：填写纳税人在受理申报的任职、受雇单位所担任的职务。

（八）职业：填写纳税人的主要职业。

（九）在华天数：由中国境内无住所的纳税人填写在税款所属期内在华实际停留的总天数。

（十）中国境内有效联系地址：填写纳税人的住址或者有效联系地址。其中，中国有住所的纳税人应填写其经常居住地址。中国境内无住所居民住在公寓、宾馆、饭店的，应当填写公寓、宾馆、饭店名称和房间号码。经常居住地，是指纳税人离开户籍所在地最后连续居住一年以上的地方。

（十一）经营单位纳税人识别码、纳税人名称：纳税人取得的年所得中含个体工商户的生产、经营所得和对企事业单位的承包经营、承租经营所得时填写本栏。纳税人识别码：填写税务登记证号码。纳税人名称：填写个体工商户、个人独资企业、合伙企业名称，或者承包承租经营的企事业单位名称。

（十二）年所得额：填写在纳税年度内取得相应所得项目的收入总额。年所得额按《个人所得税自行纳税申报办法》的规定计算。各项所得的计算，以人民币为单位。所得以非人民币计算的，按照《个人所得税法实施条例》第四十三条的规定折合成人民币。

（十三）应纳税所得额：填写按照个人所得税有关规定计算的应当缴纳个人所得税的所得额。

（十四）已缴（扣）税额：填写取得该项目所得在中国境内已经缴纳或者扣缴义务人已经扣缴的税款。

（十五）抵扣税额：填写个人所得允许抵扣的在中国境外已经缴纳的个人所得税税额。

（十六）减免税额：填写个人所得允许减征或免征的个人所得税税额。

（十七）本表为A4横式，一式两联，第一联报税务机关，第二联纳税人留存。

表5-33

个人所得税自行纳税申报表（A表）

税款所属期：自 年 月 日至 年 月 日　　　　　　金额单位：人民币元（列至角分）

姓名		国籍（地区）		身份证件类型		身份证件号码	

自行申报情形：□从中国境内两处或者两处以上取得工资、薪金所得　□没有扣缴义务人　□其他情形

任职受雇单位名称	所得期间	所得项目	收入额	免税所得额	税前扣除项目						其他	合计	减除费用	准予扣除的捐赠额	应纳税所得额	税率（%）	速算扣除数	应纳税额	减免税额	已缴税额	应补（退）税额
					基本养老保险费	基本医疗保险费	失业保险费	住房公积金	财产原值	允许扣除的税费											
1	2	3	4	5	6	7	8	9	10	11	12	13	14	15	16	17	18	19	20	21	22

谨声明：此表是根据《中华人民共和国个人所得税法》及其实施条例和国家相关法律法规规定填写的，是真实的、完整的、可靠的。

纳税人签字：　　　　　　　　　　　年 月 日

代理机构（人）公章：

经办人：

经办人执业证件号码：

代理申报日期：年 月 日

主管税务机关受理专用章：

受理人：

受理日期：年 月 日

国家税务总局监制

填表说明：

一、适用范围

本表适用于"从中国境内两处或者两处以上取得工资、薪金所得的"、"取得应纳税所得，没有扣缴义务人的"，以及"国务院规定的其他情形"的个人所得税申报。纳税人在办理申报时，须同时附报附件2"个人所得税基础信息表（B表）"。

二、申报期限

次月15日内。自行申报纳税人应在此期限内将每月应纳税款缴入国库，并向税务机关报送本表。纳税人不能按规定期限报送本表时，应当按照《税收征管法》及其实施细则有关规定办理延期申报。

三、本表各栏填写

（一）表头项目

1.税款所属期：是指纳税人取得所得应纳个人所得税款的所属期间，应填写具体的起止年月日。

2.姓名：填写纳税人姓名。中国境内无住所个人，其姓名应当用中、外文同时填写。

3.国籍（地区）：填写纳税人的国籍或者地区。

4.身份证件类型：填写能识别纳税人唯一身份的有效证照名称。

（1）在中国境内有住所的个人，填写身份证、军官证、士兵证等证件名称。

（2）在中国境内无住所的个人，如果税务机关已赋予18位纳税人识别号的，填写"税务机关赋予"；如果税务机关未赋予的，填写护照、港澳居民来往内地通行证、台湾居民来往大陆通行证等证照名称。

5.身份证件号码：填写能识别纳税人唯一身份的号码。

（1）在中国境内有住所的纳税人，填写身份证、军官证、士兵证等证件上的号码。

（2）在中国境内无住所的纳税人，如果税务机关赋予18位纳税人识别号的，填写该号码；没有的，则填写护照、港澳居民来往内地通行证、台湾居民来往大陆通行证等证照上的号码。

税务机关赋予境内无住所个人的18位纳税人识别号，作为其唯一身份识别码，由纳税人到主管税务机关办理初次涉税事项，或扣缴义务人办理该纳税人初次扣缴申报时，由主管税务机关赋予。

6.自行申报情形：纳税人根据自身情况在对应框内打"√"。

（二）表内各栏

纳税人在填报"从中国境内两处或者两处以上取得工资、薪金所得的"时，第1～4列需分行列示各任职受雇单位发放的工薪，同时，另起一行在第4列"收入额"栏填写上述工薪的合计数，并在此行填写第5～22列。

纳税人在填报"取得应纳税所得，没有扣缴义务人的"和"国务院规定的其他情形"时，需分行列示。

1.第1列"任职受雇单位名称"：填写纳税人任职受雇单位的名称全称。在多家单位任职受雇的，须分行列示。如果没有，则不填。

2.第2列"所得期间"：填写纳税人取得所得的起止时间。

3.第3列"所得项目"：按照《个人所得税法》第二条规定的项目填写。纳税人取得多项所得时，须分行填写。

4.第4列"收入额"：填写纳税人实际取得的全部收入额。

5.第5列"免税所得"：是指《个人所得税法》第四条规定可以免税的所得。

6.第6~13列"税前扣除项目"：是指按照《个人所得税法》及其他法律法规规定，可在税前扣除的项目。

（1）第6~9列"基本养老保险费、基本医疗保险费、失业保险费、住房公积金"四项，是指按照国家规定，可在个人应纳税所得额中扣除的部分。

（2）第10列"财产原值"：该栏适用于"财产转让所得"项目的填写。

（3）第11列"允许扣除的税费"：该栏适用于"劳务报酬所得、特许权使用费所得、财产租赁所得和财产转让所得"项目的填写。

①适用"劳务报酬所得"时，填写劳务发生过程中实际缴纳的税费；

②适用"特许权使用费"时，填写提供特许权过程中发生的中介费和相关税费；

③适用"财产租赁所得"时，填写修缮费和出租财产过程中发生的相关税费；

④适用"财产转让所得"时，填写转让财产过程中发生的合理税费。

（4）第12列"其他"：是指法律法规规定其他可以在税前扣除的项目。

（5）第13列"合计"：为各所得项目对应税前扣除项目的合计数。

7.第14列"减除费用"：是指《个人所得税法》第六条规定可以在税前减除的费用。没有的，则不填。

8.第15列"准予扣除的捐赠额"：是指按照《个人所得税法》及其实施条例和相关税收政策规定，可以在税前扣除的捐赠额。

9.第16列"应纳税所得额"：根据相关列次计算填报。

第16列 = 第4列 - 第5列 - 第13列 - 第14列 - 第15列

10.第17列"税率"及第18列"速算扣除数"：按照《个人所得税法》第三条规定填写。部分所得项目没有速算扣除数的，则不填。

11.第19列"应纳税额"：根据相关列次计算填报。

第19列 = 第16列 × 第17列 - 第18列

12.第20列"减免税额"：是指符合《个人所得税法》规定可以减免的税额。其中，纳税人取得"稿酬所得"时，其根据《个人所得税法》第三条规定可按应纳税额减征的30%，填入此栏。

13.第21列"已缴税额"：是指纳税人当期已实际被扣缴或缴纳的个人所得税税款。

14.第22列"应补（退）税额"：根据相关列次计算填报。

第22列 = 第19列 - 第20列 - 第21列

表5-34

个人所得税自行纳税申报表（B表）

税款所属期：自　　年　　月　　日至　　年　　月　　日

金额单位：人民币元（列至角分）

姓名：

国籍（地区）：

身份证件类型：

身份证件号码：

所得来源国（地区）	所得项目	收入额	税前扣除项目								减除费用	准予扣除的捐赠额	应纳税所得额	工资薪金所得项目月应纳税所得额	税率(%)	速算扣除数	应纳税额
			基本养老保险费	基本医疗保险费	失业保险费	住房公积金	财产原值	允许扣除的税费	其他	合计							
1	2	3	4	5	6	7	8	9	10	11	12	13	14	15	16	17	18

本期应缴税额计算

国别（地区）	扣除限额	境外已纳税额	五年内超过扣除限额未补扣余额	本期应补缴税额	未扣除余额
19	20	21	22	23	24

谨声明：此表是根据《中华人民共和国个人所得税法》及其实施条例和国家相关法律法规规定填写的，是真实的、完整的、可靠的。

纳税人签字：　　　　　　　年　月　日

代理机构（人）签章：	主管税务机关受理专用章：
经办人：	受理人：
经办人执业证件号码：	
代理申报日期：　年　月　日	受理日期：　年　月　日

国家税务总局监制

填表说明：

一、适用范围

本表适用于"从中国境外取得所得"的纳税人的纳税申报。纳税人在办理申报时，须同时附报附件2"个人所得税基础信息表（B表）"。

二、申报期限

年度终了后30日内。取得境外所得的纳税人应在该期限内将应纳税款缴入国库，并向税务机关报送本表。纳税人不能按规定期限报送本表时，应当按照《税收征管法》及其实施细则的规定办理延期申报。

三、所得为外国货币的，应按照《个人所得税法实施条例》第四十三条的规定折合成人民币计算纳税。

四、本表各栏填写

（一）表头项目

1.税款所属期：是指纳税人取得所得应纳个人所得税款的所属期间，应填写具体的起止年月日。

2.姓名：填写纳税人姓名。中国境内无住所个人，其姓名应当用中、外文同时填写。

3.国籍（地区）：填写纳税人的国籍或者地区。

4.身份证件类型：填写能识别纳税人唯一身份的有效证照名称。

（1）在中国境内有住所的个人，填写身份证、军官证、士兵证等证件名称。

（2）在中国境内无住所的个人，如果税务机关已赋予18位纳税人识别号的，填写"税务机关赋予"；如果税务机关未赋予的，填写护照、港澳居民来往内地通行证、台湾居民来往大陆通行证等证照名称。

5.身份证件号码：填写能识别纳税人唯一身份的号码。

（1）在中国境内有住所的纳税人，填写身份证、军官证、士兵证等证件上的号码。

（2）在中国境内无住所的纳税人，如果税务机关赋予18位纳税人识别号的，填写该号码；没有，则填写护照、港澳居民来往内地通行证、台湾居民来往大陆通行证等证照上的号码。

税务机关赋予境内无住所个人的18位纳税人识别号，作为其唯一身份识别码，由纳税人到主管税务机关办理初次涉税事项，或扣缴义务人办理该纳税人初次扣缴申报时，由主管税务机关赋予。

（二）表内各栏

纳税人填写本表时，应区别不同国家或者地区和不同所得项目填报。其中，在填报"工资、薪金所得"、"个体工商户的生产、经营所得"等项目时，按年填写。除此之外其他项目，则按月或按次填写。

1.第1列"所得来源国（地区）"：填写纳税人取得所得的国家或地区。

2.第2列"所得项目"：按照《个人所得税法》第二条规定的项目填写。纳税人有多项所得时，分行填写。

3.第3列"收入额"：填写纳税人取得的，未减除任何免税所得和费用的实际含税收入额。其中，"工资、薪金所得"项目的收入额，为全年收入额；纳税人的境外所得按照有关规定交付给派出单位的部分，凡能提供有效合同或有关凭证的，经主管税务机关审核后，允许从其境外所得中扣除。

4.第4～11列"税前扣除项目":

(1)第4～7列"基本养老保险费、基本医疗保险费、失业保险费、住房公积金"四项,是指按照国家规定,可在个人应纳税所得额中扣除的部分。本表中填写该纳税人缴纳该费(金)的全年汇总额。

(2)第8列"财产原值":该栏适用于"财产转让所得"项目的填写。

(3)第9列"允许扣除的税费":该栏适用于"劳务报酬所得、特许权使用费所得、财产租赁所得和财产转让所得"项目的填写。

①适用"劳务报酬所得"时,填写劳务发生过程中实际缴纳的税费;

②适用"特许权使用费"时,填写提供特许权过程中发生的中介费和相关税费;

③适用"财产租赁所得"时,填写修缮费和出租财产过程中发生的相关税费;

④适用"财产转让所得"时,填写转让财产过程中发生的合理税费。

(4)第10列"其他":是指法律法规规定其他可以在税前扣除的项目。

(5)第11列"合计":为所得项目对应税前扣除项目的合计数。

5.第12列"减除费用":是指《个人所得税法》第六条规定可在计税前减除的费用。没有则不填写。其中,工资、薪金所得项目的减除费用为全年合计额。

6.第13列"准予扣除的捐赠额":是指按照《个人所得税法》及其实施条例和相关税收政策规定,可以在税前扣除的捐赠额。

7.第14列"应纳税所得额":根据相关列次计算填报。

8.第15列"工资薪金所得项目月应纳税所得额":该项仅适用于所得项目为"工资、薪金所得"时填写,其他所得项目不填。

第15列=第14列÷12个月

9.第16列"税率"及第17列"速算扣除数":按照《个人所得税法》第三条规定填写。部分所得项目没有速算扣除数的,则不填。

10.第18列"应纳税额":是指纳税人区别不同国家或者地区和不同所得项目,依照《个人所得税法》规定的费用减除标准和适用税率计算的应纳税额。

(1)所得项目为"工资、薪金所得"时,第18列=(第15列×第16列－第17列)×12个月。

(2)所得项目为非工资、薪金所得的,第18列=第14列×第16列－第17列。

11."本期应缴税额计算"栏:应区别不同国家或者地区,分行填写。

(1)第20列"扣除限额":是指同一国家或者地区内,不同所得项目的应纳税额之和。

(2)第21列"境外已纳税额":是指纳税人在境外实际已经缴纳的个人所得税额。

(3)第22列"五年内超过扣除限额未补扣余额":是指纳税人以前五年内超过该国家或者地区扣除限额、未进行补扣的部分。没有则不填。

(4)第23列"本期应补缴税额"与第24列"未扣除余额":依据前列计算结果填写。

①若第20列≥第21列,且第20列－第21列－第22列≥0时,将结果写入第23列。

第23列=第20列－第21列－第22列

②若第20列≥第21列,且第20列－第21列－第22列<0,将结果写入第24列。

第24列=第21列+第22列－第20列

③若第20列<第21列,则将结果写入第24列。

第24列=第21列+第22列－第20列

表 5-35 　　　　　　　生产、经营所得个人所得税纳税申报表（A表）

税款所属期：　年 月 日至 　年 月 日　　　　　　　　　　　　　金额单位：人民币元（列至角分）

投资者信息	姓名		身份证件类型		身份证件号码									
	国籍（地区）				纳税人识别号									
被投资单位信息	名称				纳税人识别号									
	征收方式	□查账征收　□核定征收			类型	□个体工商户　　　□承包、承租经营者 □个人独资企业　□合伙企业								

项目	行次	金额
一、本期收入总额	1	
二、本期成本费用总额	2	
三、本期利润总额	3	
四、分配比例（%）	4	
五、应纳税所得额	5	
查账征收 1.按本期实际计算的应纳税所得额	6	
2.上年度应纳税所得额的1/12或1/4	7	
核定征收 1.税务机关核定的应税所得率（%）	8	
2.税务机关认可的其他方法确定的应纳税所得额	9	
六、按上述内容换算出的全年应纳税所得额	10	
七、税率（%）	11	
八、速算扣除数	12	
九、本期预缴税额	13	
十、减免税额	14	
十一、本期实际应缴税额	15	

　　谨声明：此表是根据《中华人民共和国个人所得税法》及其实施条例和国家相关法律法规规定填写的，是真实的、完整的、可靠的。

　　　　　　　　　　　　　　　　纳税人签字：　　　　　年 月 日

代理申报机构（人）公章： 经办人： 经办人执业证件号码：	主管税务机关受理专用章： 受理人：
代理申报日期：年 月 日	受理日期：年 月 日

国家税务总局监制

填表说明：

一、适用范围

本表适用于查账征收"个体工商户的生产、经营所得"和"对企事业单位的承包经营、承租经营所得"个人所得税的个体工商户、企事业单位承包承租经营者、个人独资企业投资者和合伙企业合伙人的预缴纳税申报，以及实行核定征收的纳税申报。纳税人在办理申报时，须同时附报附件2"个人所得税基础信息表（B表）"。

合伙企业有两个或两个以上自然人投资者的，应分别填报本表。

二、申报期限

实行查账征收的个体工商户、个人独资企业、合伙企业，纳税人应在次月15日内办理预缴纳税申报；承包承租者如果在1年内按月或分次取得承包经营、承租经营所得的，纳税人应在每月或每次取得所得后的15日内办理预缴纳税申报。

实行核定征收的，应当在次月15日内办理纳税申报。

纳税人不能按规定期限办理纳税申报的，应当按照《税收征管法》及其实施细则的规定办理延期申报。

三、本表各栏填写

（一）表头项目

税款所属期：是指纳税人取得生产经营所得的应纳个人所得税款的所属期间，应填写具体的起止年月日。

（二）表内信息栏

1.投资者信息栏：填写个体工商户业主、承包经营者、承租经营者、个人独资企业投资者、合伙企业合伙人的相关信息。

（1）姓名：填写纳税人姓名。中国境内无住所个人，其姓名应当用中、外文同时填写。

（2）身份证件类型：填写能识别纳税人唯一身份的有效证照名称。

①在中国境内有住所的个人，填写身份证、军官证、士兵证等证件名称。

②在中国境内无住所的个人，填写护照、港澳居民来往内地通行证、台湾居民来往大陆通行证等证照名称。

（3）身份证件号码：填写纳税人身份证件上的号码。

（4）国籍（地区）：填写纳税人的国籍或者地区。

（5）纳税人识别号：在中国境内无住所的个人填写。有住所的个人则不填。该栏填写税务机关赋予的18位纳税人识别号。如果税务机关未赋予，则不填。

税务机关赋予境内无住所个人的18位纳税人识别号，作为其唯一身份识别码，由纳税人到主管税务机关办理初次涉税事项，或扣缴义务人办理该纳税人初次扣缴申报时，由主管税务机关赋予。

2.被投资单位信息栏：

（1）名称：填写税务机关核发的被投资单位税务登记证载明的投资单位全称。

（2）纳税人识别号：填写税务机关核发被投资单位税务登记证号码。

（3）征收方式：根据税务机关核定的征收方式，在对应框内打"√"。

（4）类型：纳税人根据自身情况在对应栏内打"√"。

（三）表内各行的填写

1.第1行"本期收入总额"：填写该投资单位在本期内取得的收入总额。

2.第2行"本期成本费用总额"：填写该投资单位在本期内发生的所有成本、费用、税金总额。

3.第3行"本期利润总额"：根据相关栏次计算。

第3行＝第1行－第2行

4.第4行"分配比例"：纳税人为合伙企业合伙人的，填写本栏；其他则不填。分配比例按照合伙企业分配方案中规定的该合伙人的比例填写；没有，则按人平均分配。

5.第5行"应纳税所得额"：根据不同的征收方式填写。

查账征收：

（1）除合伙企业合伙人外的其他纳税人

①按本期实际计算的，第5行＝第6行＝第3行。

②按上年度应纳税所得额的1/12或1/4计算的，第5行＝第7行。

（2）合伙企业合伙人

①按本期实际计算的，第5行＝第6行＝第3行×第4行。

②按上年度应纳税所得额的1/12或1/4计算的，第5行＝第7行。

核定征收：

（1）除合伙企业合伙人外的其他纳税人

①税务机关采取核定应税所得率方式计算应纳税所得额的，第5行＝第1行×第8行或＝第2行÷（1－第8行）×第8行。

②税务机关认可的其他方法确定应纳税所得额的，第5行＝第9行。

（2）合伙企业合伙人

①税务机关采取核定应税所得率方式计算应纳税所得额的，第5行＝第1行×第8行×第4行或＝第2行÷（1－第8行）×第8行×第4行。

②税务机关认可的其他方法确定应纳税所得额的，第5行＝第9行×第4行。

6.第10行"按上述内容换算出的全年应纳税所得额"：根据相关栏次计算。

第10行＝第9行×12个月（或4个季度）

7.第11行"税率"及第12行"速算扣除数"：按照《个人所得税法》第三条规定，根据第10行计算得出的数额进行查找。

8.第13行"本期预缴税额"：根据相关栏次计算。

第13行＝（第10行×第11行－第12行）÷12个月（或4个季度）

9.第14行"减免税额"：是指符合《个人所得税法》规定可以减免的税额。

10.第15行"本期实际应缴税额"：根据相关栏次计算。

第15行＝第13行－第14行

11.如果税务机关采取核定税额方式征收个人所得税的，将核定的税额直接填入第15行"本期实际应缴税额"栏。

表5-36　　　　　生产、经营所得个人所得税纳税申报表（B表）

税款所属期：　年 月 日至　年 月 日　　　　　　　　　金额单位：人民币元（列至角分）

投资者信息	姓名		身份证件类型		身份证件号码									
	国籍（地区）			纳税人识别号										
被投资单位信息	名称			纳税人识别号										
	类型	□个体工商户　　□承包、承租经营者　　□个人独资企业　　□合伙企业												

项　目	行次	金额	补充资料
一、收入总额	1		1. 年平均职工人数：_____人
减：成本	2		2. 工资总额：_____元
营业费用	3		3. 投资者人数：_____人
管理费用	4		
财务费用	5		
营业税金及附加	6		
营业外支出	7		
二、利润总额	8		
三、纳税调整增加额	9		
1. 超过规定标准扣除的项目	10		
(1) 职工福利费	11		
(2) 职工教育经费	12		
(3) 工会经费	13		
(4) 利息支出	14		
(5) 业务招待费	15		
(6) 广告费和业务宣传费	16		
(7) 教育和公益事业捐赠	17		
(8) 住房公积金	18		
(9) 社会保险费	19		
(10) 折旧费用	20		
(11) 无形资产摊销	21		
(12) 资产损失	22		
(13) 其他	23		
2. 不允许扣除的项目	24		
(1) 资本性支出	25		
(2) 无形资产受让、开发支出	26		
(3) 税收滞纳金、罚金、罚款	27		
(4) 赞助支出、非教育和公益事业捐赠	28		
(5) 灾害事故损失赔偿	29		
(6) 计提的各种准备金	30		
(7) 投资者工资薪金	31		
(8) 与收入无关的支出	32		
其中：投资者家庭费用	33		
四、纳税调整减少额	34		
1. 国债利息收入	35		

项　　目	行次	金额	补充资料
2. 其他	36		
五、以前年度损益调整	37		
六、经纳税调整后的生产经营所得	38		
减：弥补以前年度亏损	39		
乘：分配比例%	40		
七、允许扣除的其他费用	41		
八、投资者减除费用	42		
九、应纳税所得额	43		
十、税率（%）	44		
十一、速算扣除数	45		
十二、应纳税额	46		
减：减免税额	47		
十三、全年应缴税额	48		
加：期初未缴税额	49		
减：全年已预缴税额	50		
十四、应补(退)税额	51		

谨声明：此表是根据《中华人民共和国个人所得税法》及其实施条例和国家相关法律法规规定填写的，是真实的、完整的、可靠的。

纳税人签字：　　　　　　　　　　　　　　　年　　月　　日

代理申报机构（人）公章：	主管税务机关受理专用章：
经办人：	受理人：
经办人执业证件号码：	
代理申报日期：　年　月　日	受理日期：　年　月　日

国家税务总局监制

填表说明：

一、适用范围

本表适用于查账征收"个体工商户的生产、经营所得"和"对企事业单位的承包经营、承租经营所得"个人所得税的个体工商户、承包承租经营者、个人独资企业投资者和合伙企业合伙人的个人所得税年度汇算清缴。纳税人在办理申报时，须同时附报附件2"个人所得税基础信息表（B表）"。

合伙企业有两个或两个以上自然人投资者的，应分别填报本表。

二、申报期限

个体工商户、个人独资企业投资者、合伙企业合伙人的生产、经营所得应纳个人所得税的年度纳税申报，应在年度终了后3个月内办理。

对企事业单位承包经营、承租经营者应纳个人所得税的年度纳税申报，应在年度终了后30日内办理；纳税人一年内分次取得承包、承租经营所得的，应在年度终了后3个月内办理汇算清缴。

纳税人不能按规定期限办理纳税申报的，应当按照《税收征管法》及其实施细则的规定办理延期申报。

三、本表各栏填写

（一）表头项目

税款所属期：是指纳税人取得所得的应纳个人所得税款的所属期间，应填写具体的起止年月日。

（二）表内信息栏

1.投资者信息栏：填写个体工商户业主、承包经营者、承租经营者、个人独资企业投资者、合伙企业合伙人的相关信息。

（1）姓名：填写纳税人姓名。中国境内无住所个人，其姓名应当用中、外文同时填写。

（2）身份证件类型：填写能识别纳税人唯一身份的有效证照名称。

①在中国境内有住所的个人，填写身份证、军官证、士兵证等证件名称。

②在中国境内无住所的个人，填写护照、港澳居民来往内地通行证、台湾居民来往大陆通行证等证照名称。

（3）身份证件号码：填写纳税人身份证件上的号码。

（4）国籍（地区）：填写纳税人的国籍或者地区。

（5）纳税人识别号：在中国境内无住所的个人填写。有住所的个人不填写。该栏填写税务机关赋予的18位纳税人识别号。税务机关未赋予的，不填写。

税务机关赋予境内无住所个人的18位纳税人识别号，作为其唯一身份识别码，由纳税人到主管税务机关办理初次涉税事项，或扣缴义务人办理该纳税人初次扣缴申报时，由主管税务机关赋予。

2.被投资单位信息栏：

（1）名称：填写税务机关核发被投资单位税务登记证上载明的单位全称。

（2）纳税人识别号：填写税务机关核发的税务登记证号码。

（3）类型：纳税人根据自身情况在对应框内打"√"。

（三）表内各行的填写

1.第1行"收入总额"：填写该投资单位在本期内取得的收入总额。

2.第2行"成本"：填写该投资单位在本期内主要经营业务和其他经营业务发生的成本总额。

3.第3行"营业费用"：填报该投资单位在销售商品和材料、提供劳务的过程中发生的各种费用。

4.第4行"管理费用"：填报该投资单位为组织和管理企业生产经营发生的管理费用。

5.第5行"财务费用"：填报该投资单位为筹集生产经营所需资金等发生的筹资费用。

6.第6行"营业税金及附加"：填报该投资单位经营活动发生的营业税、消费税、城市维护建设税、资源税、土地增值税和教育费附加等相关税费。

7.第8行"利润总额"：根据相关栏次计算。

第8行＝第1行－第2行－第3行－第4行－第5行－第6行－第7行

8.第10行"超过规定标准扣除的项目"，是指被投资单位超过《个人所得税法》及其实施条例和相关税收法律法规政策规定的扣除标准，扣除的各种成本、费用和损失，应予调增应纳税所得额的部分。

9.第24行"不允许扣除的项目"：是指规定不允许扣除，但被投资单位已将其扣除的各项成本、费用和损失，应予调增应纳税所得额的部分。

10.第35行"国债利息收入"：是指企业将免于纳税但已计入收入的因购买国债而取得的利息。

11.第37行"以前年度损益调整"：是指以前年度发生的多计或少计的应纳税所得额。

12.第38行"经纳税调整后的生产经营所得"：根据相关栏次计算。

第38行＝第8行＋第9行－第34行－第37行

13.第39行"弥补以前年度亏损"：是指企业根据规定，以前年度亏损允许在税前弥补而相应调减的应纳税所得额。

14.第40行"分配比例"：纳税人为合伙企业合伙人的，填写本栏。分配比例按照合伙企业分配方案中规定的该合伙人的比例填写；没有的，则按人平均分配。

15.第41行"允许扣除的其他费用"：是指按照法律法规规定可以税前扣除的其他费用。没有的，则不填。如《国家税务总局关于律师事务所从业人员有关个人所得税问题的公告》（国家税务总局公告2012年第53号）第三条规定的事项。

16.第42行"投资者减除费用"：是指按照《个人所得税法》及有关法律法规规定，在个体工商户业主、个人独资企业投资者和合伙企业合伙人的生产经营所得计征个人所得税时，可在税前扣除的投资者本人的生计减除费用。2011年9月1日起执行42000元/年标准，以后标准按国家政策规定执行。

17. 第43行"应纳税所得额"：根据不同情况，按相关行次计算填写。

（1）纳税人为非合伙企业合伙人的，第43行＝第38行－第39行－第41行－第42行。

（2）纳税人为合伙企业合伙人的，第43行＝（第38行－第39行）×第40行－第41行－第42行。

18.第44行"税率"及第45行"速算扣除数"：按照《个人所得税法》第三条规定填写。

19.第46行"应纳税额"：按相关栏次计算填写。

第46行＝第43行×第44行－第45行

20.第48行"全年应缴税额"：按相关栏次计算填写。

第48行＝第46行－第47行

21.第51行"应补（退）税额"：按相关栏次计算填写。

第51行＝第48行＋第49行－第50行

表 5-37　　　　　　　　　　　生产、经营所得投资者个人所得税汇总申报表

税款所属期：　　年 月 日至 年 月 日　　　　　　　　　　　金额单位：人民币元（列至角分）

投资者信息	姓名		身份证件类型		身份证件号码								
	国籍（地区）				纳税人识别号								
项目	被投资单位编号	被投资单位名称		被投资单位纳税人识别号			分配比例	行次		金额			
一、应汇总申报的各被投资单位的应纳税所得额	1.汇缴地							1					
	2.其他							2					
	3.其他							3					
	4.其他							4					
	5.其他							5					
	6.其他							6					
合计								7					
二、应调增的投资者减除费用								8					
三、调整后应纳税所得额								9					
四、税率								10					
五、速算扣除数								11					
六、应纳税额								12					
七、本企业经营所得占各企业经营所得总额的比重(%)								13					
八、本企业应纳税额								14					
九、减免税额								15					
十、全年应缴税额								16					
十一、全年已预缴税额								17					
十二、应补(退)税额								18					

　　谨声明：此表是根据《中华人民共和国个人所得税法》及其实施条例和国家相关法律法规规定填写的，是真实的、完整的、可靠的。

　　　　　　　　　　　　　　纳税人签字：　　　　　年 月 日

代理机构(人)签章： 经办人： 经办人执业证件号码：	主管税务机关受理专用章： 受理人：
代理申报日期：　年 月 日	受理日期：　年 月 日

填表说明：

一、适用范围

本表适用于个体工商户、承包承租企事业单位、个人独资企业、合伙企业投资者在中国境内两处或者两处以上取得"个体工商户的生产、经营所得"和"对企事业单位的承包经营、承租经营所得"的，同项所得合并计算纳税的个人所得税年度汇总纳税申报。纳税人在办理申报时，须同时附报附件2"个人所得税基础信息表（B表）"。

二、申报期限

年度终了后3个月内。纳税人不能按规定期限报送本表时，应当按照《税收征管法》及其实施细则的规定办理延期申报。

三、本表各栏填写

（一）表头项目

税款所属期：填写纳税人取得所得应纳个人所得税款的所属期间，填写具体起止年月日。

（二）投资者信息栏

填写个体工商户业主、承包承租经营者、个人独资企业投资者、合伙企业合伙人的相关信息。

1.姓名：填写纳税人姓名。中国境内无住所个人，其姓名应当用中、外文同时填写。

2.身份证件类型：填写能识别纳税人唯一身份的有效证照名称。

（1）在中国境内有住所的个人，填写身份证、军官证、士兵证等有效证照名称；

（2）在中国境内无住所的个人，填写护照、港澳居民来往内地通行证、台湾居民来往大陆通行证等证照名称。

（3）身份证件号码：填写纳税人身份证件上的号码。

3.国籍（地区）：填写纳税人的国籍或者地区。

4.纳税人识别号：在中国境内无住所的个人填写。有住所的个人则不填写。该栏填写税务机关赋予的18位纳税人识别号。税务机关未赋予的，不填写。

税务机关赋予境内无住所个人的18位纳税人识别号，作为其唯一身份识别码，由纳税人到主管税务机关办理初次涉税事项，或扣缴义务人办理该纳税人初次扣缴申报时，由主管税务机关赋予。

（三）表内各栏

1."应汇总申报的各被投资单位的应纳税所得额"栏：填写投资者从其各投资单位取得的年度应纳税所得额，须分行填写。其中，第1行填写汇算清缴地被投资单位的相关信息及数据，第7行填写合计数。

2.第8行"应调增的投资者减除费用"：填写按照《个人所得税法》规定在汇总计算多个投资单位应纳税所得额时，被多扣除、需调整增加应纳税所得额的投资者生计减除费用标准。

注：按照《个人所得税法》的规定，投资者的生产经营所得只能扣除一次减除费用。由于各投资单位在计算应纳税所得额时均扣除了减除费用，故在填写本表时，应在本栏就第一项填写的N个被投资单位的应纳所得额，调增（N-1）个减除费用。该减除费用自

2011年9月1日起执行42 000元/年标准，即该栏填写（N-1）×42 000元/年。以后标准按国家政策规定执行。

3.第9行"调整后应纳税所得额"：按相关行次计算填写。

第9行＝第7行＋第8行

4.第10行"税率"及第11行"速算扣除数"：按照《个人所得税法》第三条规定，根据第9行计算出来的数额进行查找。

5.第12行"应纳税额"：根据相关列次计算填写。

第12行＝第9行×第10行－第11行

6.第13行"本企业经营所得占各企业经营所得总额的比重"及第14行"本企业应纳税额"：投资者兴办的两个或两个以上的企业全部是个人独资性质的，填写本栏；其他情形则不填。

（1）第13行：填写申报地被投资企业经营所得占纳税人投资各应汇总纳税企业经营所得的比重。

第13行＝第1行÷第7行

（2）第14行：根据相关栏次计算。

第14行＝第12行×第13行

7.第15行"减免税额"：是指符合《个人所得税法》规定可以减免的税额。

8.第16行"全年应缴税额"：根据相关栏次计算。

（1）投资者兴办的两个或两个以上的企业全部是个人独资性质的，第16行＝第14行－第15行。

（2）其他情形，第16行＝第12行－第15行。

9.第17行"全年已预缴税额"：填写纳税人已预缴的个人所得税。

10.第18行"应补（退）税额"：按相关栏次计算填写。

第18行＝第16行－第17行

第六单元
其他税收实验

>> 一、实验目的

1. 判断各项业务应当如何征税，适用何种税率。
2. 掌握相关税种的计算办法。
3. 掌握相关税种的纳税申报表及税收缴款书的填制。
4. 掌握相关税种的涉税会计业务处理。

>> 二、实验要求

1. 根据业务资料计算相关税种应纳税额。
2. 根据企业的业务资料编制会计分录，并填制"应交税费"明细账。
3. 根据计算的应纳相关税种税额填制纳税申报表。
4. 填制相关税种税收缴款书。

实验一 ▶ 城市维护建设税

【业务6-1】 某城市一卷烟厂委托某县城一卷烟厂加工一批雪茄烟，委托方提供原材料 40 000元，支付加工费5 000元（不含增值税），雪茄烟消费税税率为36%，这批雪茄烟无同类产品市场价格。

要求：

1. 计算受托方应代收代缴的城市维护建设税。

2. 进行会计处理。

3. 填制纳税申报表（表6-1）。

表6-1　　　　　　　　**城市维护建设税、教育费附加纳税申报表**

税务计算机代码：

缴款书号码：

申报单位名称：　　　　　税款所属期：年 月 日至 年 月 日　　　　　　　　　　单位：元

税种名称	计税(费)额	城市维护建设税				教育费附加			
		税率	应纳税额	已纳税额	本期应补(退)税额	费率	应纳附加额	已纳附加额	本期应补(退)附加额
合计									

申报单位盖章　　　　　负责人（签章）　　　　　经办人员（签章）

税务机关受理申报日期：　年　月　日　　　　　审核人（签章）

4. 填制税收缴款书（表6-2）

表6-2　　　　　中 华　　　人　　和 国

税　收　通　用　缴　款　书　　　桂缴　　　号

注册类型：　　　　填发日期：　年　月　日　　征收机关：

缴款单位	代　码		预算科目	编　码		第一联(收据)国库(银行)收款盖章后退缴款单位(人)作完税凭证
	全　称			名　称		
	开户银行			级　次		
	账　号			收款国库		

税款所属时期：　年 月 日至 年 月 日				税款限缴日期：　年 月 日									
品目名称	课税数量	计税金额或销售收入	税率或单位税额	已缴或扣除额	实缴金额								
					亿	千	百	十	万	千	百	十	元	角	分

金额合计(大写)				
缴款单位(人)（盖章）	税务机关（盖章）	上列款项已收妥并划转收款单位账户。		备注：
经办人(章)	填票人(章)	国库(银行)盖章　　　　年 月 日		

逾期不缴按税法规定加收滞纳金。

实验二 ▶ 土地增值税

【业务6-2】某房地产开发公司建造一栋普通标准住宅出售，取得销售收入10 000万元（假设城市维护建设税税率为7%，教育费附加征收率为3%）。该公司为建造普通标准住宅而支付的地价款为1 000万元，建造此楼投入了3 000万元的房地产开发成本（其中，土地征用及拆迁补偿费400万元，前期工程费400万元，建筑安装工程费1 000万元，基础设施费800万元，开发间接费用400万元），由于该房地产开发公司同时建造别墅等住宅，对该普通标准住宅所用的银行贷款利息支出无法分摊，该地规定房地产开发费用的计提比例为10%。

要求：

1. 计算应纳的土地增值税。

2. 进行会计处理。

3. 填制纳税申报表（表6-3）。

表6-3

土地增值税纳税申报表

（从事房地产开发的纳税人适用）

纳税人识别号：□□□□□□□□□□□□□□□□□□□

填表日期：　年　月　日　　　　　　金额单位：元（列至角分）　　　面积单位：平方米

纳税人名称		税款所属时期	
项　　　　目		行次	金额
一、转让房地产收入总额1=2+3		1	
其中	货币收入	2	
	实物收入和其他收入	3	
二、扣除项目金额合计4=5+6+13+16+20		4	
1. 取得土地使用权所支付的金额		5	

项 目	行次	金额
2. 房地产开发成本 6=7+8+9+10+11+12	6	
其中 土地征用及拆迁补偿费	7	
前期工程费	8	
建筑安装工程费	9	
基础设施费	10	
公共配套设施费	11	
开发间接费用	12	
3. 房地产开发费用 13=14+15	13	
其中 利息支出	14	
其他房地产开发费用	15	
4. 与转让房地产有关的税金等 16=17+18+19	16	
其中 营业税	17	
城市维护建设税	18	
教育费附加	19	
5. 财政部规定的其他扣除项目	20	
三、增值额 21=1-4	21	
四、增值额与扣除项目金额之比(%)22=21÷4	22	
五、适用税率(%)	23	
六、素算扣除系数(%)	24	
七、应缴土地增值税税额 25=21×23-4×24	25	
八、已缴土地增值税税额	26	
九、应补(退)土地增值税税额 27=25-26	27	

如纳税人填报,由纳税人填写以下各栏			如委托代理人填报,由代理人填写以下各栏				备注
会计主管	经办人	纳税人	代理人名称			代理人	
			代理人地址				
(签章)	(签章)	(签章)	经办人		电话	(签章)	

以下由税务机关填写		
收到申报表日期		接收人

4.填制税收缴款书（表6-4）。

表6-4

中 华 人 民 共 和 国

税 收 通 用 缴 款 书

桂缴　　　号

注册类型：　　　填发日期：年　月　日　　征收机关：

缴款单位	代　　码		预算科目	编　　码	
	全　　称			名　　称	
	开户银行			级　　次	
	账　　号			收款国库	

税款所属时期：年 月 日至 年 月 日　　　　税款限缴日期：年　　月　　日

品目名称	课税数量	计税金额或销售收入	税率或单位税额	已缴或扣除额	实缴金额									
					亿	千	百	十	万	千	百	十	元	角	分
金额合计（大写）															

缴款单位（人）（盖章）经办人（章）	税务机关（盖章）填票人（章）	上列款项已收妥并划转收款单位账户。国库（银行）盖章　　　年 月 日	备　注：

逾期不缴按税法规定加收滞纳金。

实验三 ▶ 资源税

【业务6-3】华中某市红星煤矿股份有限公司2014年12月开采原煤18万吨，对外销售12万吨，每吨不含增值税的售价为400元；自用10吨；伴采天然气5万立方米，销售4万立方米，取得收入100 000元。天然气的税率为10%。假设该市所在省份确定的原煤适用的税率为6%。

要求：

1. 计算12月份应纳的资源税。

2. 进行会计处理。

3. 填制纳税申报表（表6-5）。

表6-5　　　　　　　　　　　　　　　　**资源税纳税申报表**

××市地方税务局营业税、资源税纳税申报表（附表）

税务计算机代码：□□□□□□□

缴款书号码：□□□□□□□

申报单位名称：		经济性质：		电话：		单位：元（列至角分）	

税款所属日期：　　年　　月

税种	纳税项目	计税金额（销售或自用数量）	税率或单位税额	应纳税额	已纳税额	本期应补(退)税额	税务机关审核
资源税							

减免税种	减免税项目	计税（费）金额	减免率	应减免税额	已减免税额	本期应补(退)税额	税务机关审核
资源税							

申报单位（盖章）　　　　负责人(签章)　　　　经办人员(签章)

税务机关受理申报日期：　　年　月　日　　　　审核人(签章)

4. 填制税收缴款书（表6-6）。

表6-6

中 华 人 民 务 慧 和 国

税 收 通 用 缴 款 书

桂缴　　　号

注册类型：　　　填发日期：　年　　月　　日　　　征收机关：

缴款单位	代　　码		预算科目	编　　码	
	全　　称			名　　称	
	开户银行			级　　次	
	账　　号			收款国库	

税款所属时期：　年　月　日至　年　月　日					税款限缴日期：　年　　月　　日									
品目名称	课税数量	计税金额或销售收入	税率或单位税额	已缴或扣除额	实缴金额									
					亿	千	百	十	万	千	百	十	元	角	分
金额合计（大写）														

缴款单位（人）（盖章）经办人（章）	税务机关（盖章）填票人（章）	上列款项已收妥并划转收款单位账户。国库（银行）盖章　　年　月　日		备　注：

逾期不缴按税法规定加收滞纳金。

第一联（收据）国库（银行）收款盖章后退缴款单位（人）作完税凭证

【业务6-4】某矿务局某月开采原煤16万吨，其中对外直接销售10万吨，每吨不含增值税的售价为420元；用于矿区发电1万吨，支援本省受灾县0.5万吨，矿区生活用煤0.5万吨，还有2万吨待销。另外，矿区还将上月加工好的1万吨选煤平价批发给矿区开发公司用于外销。假设该矿务局所在省份确定的原煤适用的税率为5%。

要求：

1. 计算应纳的资源税。

2. 进行会计处理。

3. 填制纳税申报表（表6-7）。

表6-7　　　　　　　　　　　　　　　资源税纳税申报表

××市地方税务局营业税、资源税纳税申报表（附表）

税务计算机代码：□□□□□□

缴款书号码：□□□□□□

申报单位名称：	经济性质：	电话：	单位：元（列至角分）

税款所属日期：　　年　月

税种	纳税项目	计税金额（销售或自用数量）	税率或单位税额	应纳税额	已纳税额	本期应补(退)税额	税务机关审核
资源税							

减免税种	减免税项目	计税（费）金额	减免率	应减免税额	已减免税额	本期应补(退)税额	税务机关审核
资源税							

申报单位盖章	负责人(签章)	经办人员(签章)
税务机关受理申报日期：　　年　月　日	审核人(签章)	

4. 填制税收缴款书（表6-8）。

表6-8　　　　　　　　中　华　人　民　共　和　国

税　收　通　用　缴　款　书　　　　桂缴　　　号

注册类型：　　　　填发日期：　年　月　日　　　征收机关：

缴款单位	代　　码		预算科目	编　码	
	全　　称			名　　称	
	开户银行			级　　次	
	账　　号			收款国库	

税款所属时期：　年　月　日至　年　月　日	税款限缴日期：　年　月　日

品目名称	课税数量	计税金额或销售收入	税率或单位税额	已缴或扣除额	实缴金额									
					亿	千	百	十	万	千	百	十	元	角	分

金额合计（大写）

缴款单位（人）（盖章）　经办人（章）	税务机关（盖章）　填票人（章）	上列款项已收妥并划转收款单位账户。 国库（银行）盖章　　年　月　日	备　注：

逾期不缴按税法规定加收滞纳金。

第一联（收据）国库（银行）收款盖章后退缴款单位（人）作完税凭证

【业务6-5】某油田2014年4月生产原油30万吨，其中20万吨用于外销，取得收入20 000万元，8万吨移送所属化工厂进行加工提炼，1万吨用于加热和修井，还有1万吨待销售。另外，在采油过程中还同时回收天然气4千万立方米，对外销售取得收入10 000万元。原油适用的税率为5%，天然气适用的税率为10%。

要求：

1. 计算应纳的资源税。

2. 进行会计处理。

3. 填制纳税申报表（表6-9）。

表6-9　　　　　　　　　　　　资源税纳税申报表

××市地方税务局营业税、资源税纳税申报表（附表）

税务计算机代码：□□□□□□□

缴款书号码：□□□□□□□

| 申报单位名称： | | 经济性质： | 电话： | | 单位：元（列至角分） | | |

税款所属日期：　　年　月

税种	纳税项目	计税金额（销售或自用数量）	税率或单位税额	应纳税额	已纳税额	本期应补(退)税额	税务机关审核
资源税							

减免税种	减免税项目	计税（费）金额	减免率	应减免税额	已减免税额	本期应补(退)税额	税务机关审核
资源税							

申报单位盖章　　　　负责人(签章)　　　经办人员（签章）

税务机关受理申报日期：　　年　月　日　　　　审核人（签章）

4.填制税收缴款书（表6-10）。

表6-10

中　华　人　民　共　和　国

税　收　通　用　缴　款　书

桂缴　　　　号

注册类型：　　　　　填发日期：　　年　月　日　　征收机关：

缴款单位	代　　码		预算科目	编　　码	
	全　　称			名　　称	
	开户银行			级　　次	
	账　　号		收款国库		

税款所属时期：年 月 日至 年 月 日　　　　　　　　税款限缴日期：　年　　月　　日

品目名称	课税数量	计税金额或销售收入	税率或单位税额	已缴或扣除额	实缴金额										
					亿	千	百	十	万	千	百	十	元	角	分

金额合计（大写）

缴款单位（人） （盖章） 经办人（章）	税务机关 （盖章） 填票人（章）	上列款项已收妥并划转收款单位账户。 国库（银行）盖章　　　　年 月 日	备　注：

逾期不缴按税法规定加收滞纳金。

第一联（收据）国库（银行）收款盖章后退缴款单位（人）作完税凭证

【业务6-6】某煤炭矿务局某月生产原煤1 000 000吨，销售原煤600 000吨，每吨不含增值税的售价为410元。其中有对外零星收购的未税原煤50 000吨，用于发电10 000吨。假设该矿务局所在省份确定的原煤适用的税率为7%。

要求：

1. 计算应纳的资源税。

2. 进行会计处理。

3. 填制纳税申报表（表6-11）。

表6-11   **资源税纳税申报表**

××市地方税务局营业税、资源税纳税申报表（附表）

税务计算机代码：□□□□□□□

缴款书号码：□□□□□□□

申报单位名称：	经济性质：	电话：	单位：元（列至角分）

税款所属日期：   年   月

税种	纳税项目	计税金额（销售或自用数量）	税率或单位税额	应纳税额	已纳税额	本期应补(退)税额	税务机关审核
资源税							

减免税种	减免税项目	计税（费）金额	减免率	应减免税额	已减免税额	本期应补(退)税额	税务机关审核
资源税							

申报单位盖章   负责人(签章)   经办人员（签章）

税务机关受理申报日期： 年 月 日   审核人（签章）

4. 填制税收缴款书（表6-12）。

表6-12

中 华 人 民 共 和 国

税 收 通 用 缴 款 书

桂缴　　　　号

注册类型：　　　填发日期：　　年　月　日　征收机关：

缴款单位	代　码		预算科目	编　码	
	全　称			名　称	
	开户银行			级　次	
	账　号		收款国库		

税款所属时期：　年　月　日至　年　月日　　　　税款限缴日期：　　年　　月　　　日

品目名称	课税数量	计税金额或销售收入	税率或单位税额	已缴或扣除额	实缴金额										
					亿	千	百	十	万	千	百	十	元	角	分

金额合计(大写)

缴款单位(人)（盖章）经办人(章)	税务机关（盖章）填票人(章)	上列款项已收妥并划转收款单位账户。国库(银行)盖章　　年　月　日	备　注：

逾期不缴按税法规定加收滞纳金。

【业务6-7】某盐场某月用自产液体盐400万吨加工成固体盐100万吨，其中80万吨在当月已销售出去，另外20万吨尚待销售；用外购液体盐500万吨加工成固体盐200吨，当月全部实现对外销售；该盐场还对外销售自产液体盐300万吨。已知该盐场液体盐适用的单位税额为10元/吨，固体盐适用的单位税额为30元/吨，外购液体盐适用的单位税额为5元/吨。

要求：

1. 计算应纳的资源税。

2. 进行会计处理。

3. 填制纳税申报表（表6-13）。

表6-13 　　　　　　　　　　　　　资源税纳税申报表

<table>
<tr><td colspan="7">××市地方税务局营业税、资源税纳税申报表（附表）</td></tr>
<tr><td colspan="7">税务计算机代码：□□□□□□□
缴款书号码：□□□□□□□</td></tr>
<tr><td colspan="2">申报单位名称：</td><td>经济性质：</td><td colspan="2">电话：</td><td colspan="2">单位：元（列至角分）</td></tr>
<tr><td colspan="7">税款所属日期：　　年　月</td></tr>
<tr><td>税种</td><td>纳税项目</td><td>计税金额（销售或自用数量）</td><td>税率或单位税额</td><td>应纳税额</td><td>已纳税额</td><td>本期应补(退)税额</td><td>税务机关审核</td></tr>
<tr><td rowspan="2">资源税</td><td></td><td></td><td></td><td></td><td></td><td></td><td></td></tr>
<tr><td></td><td></td><td></td><td></td><td></td><td></td><td></td></tr>
<tr><td>减免税种</td><td>减免税项目</td><td>计税（费）金额</td><td>减免率</td><td>应减免税额</td><td>已减免税额</td><td>本期应补(退)税额</td><td>税务机关审核</td></tr>
<tr><td>资源税</td><td></td><td></td><td></td><td></td><td></td><td></td><td></td></tr>
<tr><td colspan="7">申报单位盖章　　　　　　负责人(签章)　　　　经办人员（签章）
税务机关受理申报日期：　　年　月　日　　　　审核人（签章）</td></tr>
</table>

4. 填制税收缴款书（表6-14）。

表6-14

中　华　人　民　共　和　国

税　收　通　用　缴　款　书

桂缴　　　　号

注册类型：　　　　　填发日期：　年　月　日　　征收机关：

缴款单位	代　　码		预算科目	编　　码		第一联（收据）国库（银行）收款盖章后退缴款单位（人）作完税凭证
	全　　称			名　　称		
	开户银行			级　　次		
	账　　号			收款国库		

税款所属时期：　年　月　日至　年　月　日　　　　　税款限缴日期：　年　　月　　日

品目名称	课税数量	计税金额或销售收入	税率或单位税额	已缴或扣除额	实缴金额										
					亿	千	百	十	万	千	百	十	元	角	分
金额合计（大写）															

缴款单位（人）（盖章）	税务机关（盖章）	上列款项已收妥并划转收款单位账户。		备　注：
经办人（章）	填票人（章）	国库（银行）盖章　　　　　年　月　日		

逾期不缴按税法规定加收滞纳金。

实验四 ▶ 房产税

【业务6-8】某企业拥有的房产原值200万元，当地政府部门规定一次性扣除30%；另有三间房屋对外出租，2014年租金收入为20万元。全年分两次缴纳房产税。

要求：

1.计算应纳的房产税。

2. 进行会计处理。

3. 填制纳税申报表（表6-15）。

表6-15　　　　　　　　　　　　房产税纳税申报表

填表日期：　　　年　月　日

纳税人识别号：□□□□□□□□□□□□□□□□□□　　　　　　　　　金额单位：元（列至角分）

纳税人名称								税款所属时期					
坐落地点				建筑面积(㎡)						房屋结构			
上期申报房产原值（评估值）	本期增减	本期实际房产原值	其中			扣除率（%）	计税依据		适用税率		全年应纳税额	缴纳次数	本期		
			从计价税的房产原值	从租计税的房产原值	免税房产原值		房产余值	租金收入	1.2%	12%			应纳税额	已纳税额	应补（退）税额
1	2	3=1+2	4=3-5-6	5	6	7	8=-4×7	9	10	11	12=8×10+9×11	13	14=12÷13	15	16=14-15
合计															

如纳税人填报,由纳税人填写以下各栏			如委托代理人填报,由代理人填写以下各栏			备注	
会计主管（签章）	经办人（签章）	纳税人（签章）	代理人名称			代理人（签章）	
			代理人地址				
			经办人	电话			
以下由税务机关填写							
受到申报表日期				接收人			

4. 填制税收缴款书（表6-16）。

表6-16

中　华　人　民　共　和　国

税　收　通　用　缴　款　书

桂缴　　　　　号

注册类型：　　　填发日期：　年　月　日　　征收机关：

缴款单位	代　　码		预算科目	编　　码	
	全　　称			名　　称	
	开户银行			级　　次	
	账　　号		收款国库		

税款所属时期：　年　月　日至　年　月　日　　　　　　　　税款限缴日期：　年　　　月　　　日

品目名称	课税数量	计税金额或销售收入	税率或单位税额	已缴或扣除额	实缴金额										
					亿	千	百	十	万	千	百	十	元	角	分
金额合计(大写)															

缴款单位(人)(盖章)　经办人(章)	税务机关(盖章)　填票人(章)	上列款项已收妥并划转收款单位账户。国库(银行)盖章　　年　月　日	备　注：

第一联（收据）国库（银行）收款盖章后退缴款单位（人）作完税凭证

逾期不缴按税法规定加收滞纳金。

实验五 ▶ 城镇土地使用税

【业务6-9】某市一购物中心，其土地使用证书记载占用土地面积8 000平方米，经确定属一等地段；该购物中心另设3个统一核算的分店，均坐落在三等地段，共占地5 000平方米；该中心有一座仓库位于市郊，属于五等地段，占地面积为2 000平方米；另外，该购物中心自办托儿所占地面积3 000平方米，属三等地段。该购物中心全年应纳城镇土地使用税税额分两次缴纳。一等地段年税额6元/平方米，三等地段年税额3元/平方米，五等地段年税额2元/平方米，当地规定托儿所占地面积免税。

要求：

1.计算该购物中心全年城镇土地使用税。

2. 进行会计处理。

3. 填制纳税申报表（表6-17）。

表6-17 　　　　　　　　　　　　　　**城镇土地使用税纳税申报表**

填表日期：　　　年 月 日

纳税人识别号：□□□□□□□□□□□□□□□□□□　　　　　　　金额单位：元（列至角分）

纳税人名称									税款所属时期						

房产坐落地点															

坐落地点	上期占地面积	本期增减	本期实际占地面积	法定免税面积	应税面积	土地等级		适用税额		全年应缴税额	缴纳次数	本期		
												每次应纳税额	已纳税额	应补（退）税额
						I	II	I	II					
1	2	3	4=2+3	5	6=5-4	7	8	9	10	11=6×9	12	13=11÷12	14	15=11-14
合计														

如纳税人填报，由纳税人填写以下各栏		如委托代理人填报，由代理人填写以下各栏			备注
会计主管 （签章）	纳税人 （公章）	代理人名称		代理人 （公章）	
		代理人地址			
		经办人姓名		电话	
以下由税务机关填写					
收到申报表日期			接收人		

4. 填制税收缴款书（表6-18）。

表6-18

中华人民共和国

税收通用缴款书

桂缴　　　号

注册类型：　　　填发日期：　年　月　日　征收机关：

缴款单位	代　　码		预算科目	编　　码	
	全　　称			名　　称	
	开户银行			级　　次	
	账　　号		收款国库		

税款所属时期：年 月 日至 年 月 日　　　　税款限缴日期：　年　　月　　日

品目名称	课税数量	计税金额或销售收入	税率或单位税额	已缴或扣除额	实缴金额										
---	---	---	---	---	亿	千	百	十	万	千	百	十	元	角	分

金额合计(大写)

| 缴款单位(人)（盖章） | 税务机关（盖章） | 上列款项已收妥并划转收款单位账户。 | 备　注： |
| 经办人(章) | 填票人(章) | 国库(银行)盖章　　　年 月 日 | |

逾期不缴按税法规定加收滞纳金。

（竖排：第一联(收据)国库(银行)收款盖章后退缴款单位(人)作完税凭证）

实验六 ▶ 车辆购置税

【业务6-10】胜利创业公司2015年3月1日通过银行转账支票，从某汽车市场购入东风悦达起亚K5GLS尊贵版AT小汽车一辆，价款175 000元(含增值税)。

要求：

1.计算应纳的车辆购置税。

2.进行会计处理。

3. 填制纳税申报表（表6-19）。

表6-19　　　　　　　　　　　　　　　**车辆购置税纳税申报表**

填表日期：　　年　月　日

纳税人名称：　　　　　　　　　　　　　　　　　　　　　　　金额单位：元（列至角分）

纳税人证件名称				证件号码		
联系电话		邮政编码			地址	
车辆基本情况						
车辆类别				发动机号码		
生产企业名称				车架(底盘)号码		
厂牌型号				排气量		
购置日期				关税完税价格		
机动车销售发票（或有效凭证）号码				关税		
机动车销售发票（或有效凭证）价格				消费税		
减税、免税条件						

申报计税价格	特殊计税价格	税率	免（减）税额	应纳税额
1	2	3	4=1×3	5=1×3或2×3

此纳税申报表是根据《中华人民共和国车辆购置税暂行条例》的规定填报的，我相信它是真实的、可靠的、完整的。 　　　　　　　　　　声明人签字：	如果你已委托代理人申报，请填写以下资料： 　　　　为代理一切税务事宜，现授权（　　），地址（　　　）为本纳税人的代理申报人，任何与本申报表有关的往来文件，都可寄予此人。 　　　　　　　　　　授权人签字：

	如委托代理人的，代理人应填写以下各栏		
纳税人签名或盖章	代理人名称		代理人（公章）
	地址		
	经办人		
	电话		
接收人：			
接收日期：	车购办（印章）：		

4. 填制税收缴款书（图6-20）。

表6-20

中　华　人　民　共　和　国

税　收　通　用　缴　款　书

桂缴　　　　号

注册类型：　　　填发日期：　年　月　日　　征收机关：

缴款单位	代　码		预算科目	编　码	
	全　称			名　称	
	开户银行			级　次	
	账　号		收款国库		

税款所属时期：　年　月　日至　年　月　日　　　　　　　税款限缴日期：　年　　月　　日

品目名称	课税数量	计税金额或销售收入	税率或单位税额	已缴或扣除额	实缴金额										
					亿	千	百	十	万	千	百	十	元	角	分

金额合计(大写)

缴款单位(人)　(盖章)	税务机关　(盖章)	上列款项已收妥并划转收款单位账户。	备　注：
经办人(章)	填票人(章)	国库(银行)盖章　　　　年　月　日	

�逾期不缴按税法规定加收滞纳金。

第一联（收据）国库（银行）收款盖章后退缴款单位（人）作完税凭证

【业务6-11】C厂从E国进口客车2辆，海关据有关资料核定的关税完税价格为20万元/辆，关税24 000元/辆。

要求：

1.计算应纳的车辆购置税。

2.进行会计处理。

3. 填制纳税申报表（表6-21）。

表6-21　　　　　　　　　　　　　**车辆购置税纳税申报表**

填表日期：　　年　月　日

纳税人名称：　　　　　　　　　　　　　　　　　　　　　金额单位：元（列至角分）

纳税人证件名称				证件号码		
联系电话		邮政编码			地址	
车辆基本情况						
车辆类别				发动机号码		
生产企业名称				车架(底盘)号码		
厂牌型号				排气量		
购置日期				关税完税价格		
机动车销售发票（或有效凭证）号码				关税		
机动车销售发票（或有效凭证）价格				消费税		
减税、免税条件						
申报计税价格	特殊计税价格	税率		免（减）税额		应纳税额
1	2	3		4=1×3		5=1×3或2×3

此纳税申报表是根据《中华人民共和国车辆购置税暂行条例》的规定填报的，我相信它是真实的、可靠的、完整的。 　　　　　　　　声明人签字：	如果你已委托代理人申报，请填写以下资料： 　　为代理一切税务事宜，现授权（　　），地址（ 　　）为本纳税人的代理申报人，任何与本申报表有关的往来文件，都可寄予此人。 　　　　　　　　授权人签字：

	如委托代理人的，代理人应填写以下各栏		
纳税人签名或盖章	代理人名称		代理人（公章）
	地址		
	经办人		
	电话		
接收人：			
接收日期：		车购办（印章）：	

4.填制税收缴款书（表6-22）。

表6-22

中　华　人　民　共　和　国

税　收　通　用　缴　款　书

桂缴　　　　号

注册类型：　　　填发日期：　年　月　日　　征收机关：

缴款单位	代　码		预算科目	编　码	
	全　称			名　称	
	开户银行			级　次	
	账　号			收款国库	

税款所属时期：　年　月　日至　年　月　日　　　　税款限缴日期：　年　月　日

品目名称	课税数量	计税金额或销售收入	税率或单位税额	已缴或扣除额	实缴金额										
					亿	千	百	十	万	千	百	十	元	角	分

金额合计(大写)				
缴款单位(人)（盖章）经办人(章)	税务机关（盖章）填票人(章)	上列款项已收妥并划转收款单位账户。国库(银行)盖章　　年　月　日		备　注：

第一联（收据）国库（银行）收款盖章后退缴款单位（人）作完税凭证

逾期不缴按税法规定加收滞纳金。

实验七 ▶ 车船税

【业务6-12】某交通运输企业拥有汽车（载重量30吨）20辆、客车（通勤用大客车）10辆。载重汽车中有5辆为企业厂内行驶车辆，不领取行驶执照，也不上公路行驶。该企业所在省规定载货汽车年纳税额每吨40元，大客车年纳税额每辆180元。

要求：

计算该企业2014年应纳的车船使用税。

【业务6-13】某航运公司拥有机动船22艘（净吨位为600吨的12艘、2 000吨的8艘、5 000吨的2艘），拥有非机动船8艘（载重吨位为10吨的4艘、51吨的2艘、300吨的

2艘）。机动船税额分别为每吨2.20元、3.20元、4.20元；非机动船税额分别为0.60元、1.00元、1.20元。

1. 计算该航运公司2014年应纳的车船使用税。

2. 进行会计处理。

3. 填制纳税申报表。以【业务6-12】资料填写纳税申报表（表6-23）和税收缴款书（表6-24）。

表6-23

车船使用税纳税申报表

填表日期：　　　　年　月　日

纳税人识别号：□□□□□□□□□□□□□□□　　　　　金额单位：元（列至角分）

纳税人名称						税款所属时期		
车船类别	计税标准	数量	单位金额	全年应纳税额	年缴纳次数	本期		
						应纳税额	已纳税额	应（补）退税额
1	2	3	4	5=3×4	6	7=5÷6	8	9=7－8
合计								
如纳税人填报,由纳税人填写以下各栏			如委托代理人填报,由代理人填写以下各栏					备注
会计主管	经办人	纳税人	代理人名称				代理人	
			代理人地址					
（签章）	（签章）	（签章）	经办人		电话		（签章）	
以下由税务机关填写								
收到申报表日期					接收人			

4.填制税收缴款书（表6-24）

表6-24

中　华　人　民　共　和　国

税　收　通　用　缴　款　书

桂缴　　　号

注册类型：　　　　填发日期：　年　　月　　日　　征收机关：

缴款单位	代　　码		预算科目	编　　码	
	全　　称			名　　称	
	开户银行			级　　次	
	账　　号		收款国库		

税款所属时期：　年　月　日至　年　月　日　　　　　税款限缴日期：　年　　月　　日

品目名称	课税数量	计税金额或销售收入	税率或单位税额	已缴或扣除额	实缴金额										
					亿	千	百	十	万	千	百	十	元	角	分
金额合计(大写)															
缴款单位(人) (盖章) 经办人(章)	税务机关 (盖章) 填票人(章)	上列款项已收妥并划转收款单位账户。 国库(银行)盖章　　　年　月　日			备　注：										

第一联（收据）国库（银行）收款盖章后退缴款单位（人）作完税凭证

逾期不缴按税法规定加收滞纳金。

实验八 ▶ 印花税

【业务6-14】某企业2015年1月开业，当年发生以下业务：领受房屋产权证、工商营业执照、土地使用证各1件；与其他企业订立转移专用技术使用权书据1份，所载金额100万元；订立产品购销合同1份，所载金额为200万元；订立借款合同1份，所载金额为400万元；企业记载资金的账簿，"实收资本"、"资本公积"为800万元；其他营业账簿10本。

1.计算该企业2015年应纳的印花税。

2. 进行会计处理。

3. 填制纳税申报表。现以本章【业务6-13】资料填写纳税申报表（表6-25）。

表6-25 印花税纳税申报表

填表日期： 年 月 日

纳税人识别号：□□□□□□□□□□□□□□□ 金额单位：元（列至角分）

纳税人名称						税款所属时期		年 月		
应税凭证名称	件数	计税金额	适用税率	应纳税额	已纳税额	应补（退）税额	购花贴花情况			
							上期结存	本期购进	本期贴花	本期结存
1	2	3	4	5=2×3×4	6	7=5-6	8	9	10	11=8+9-10
权利、许可证照										
产权转移书据										
借款合同										
购销合同										
营业账簿										
其他账簿										

如纳税人填报，由纳税人填写以下各栏			如委托代理人填报，由代理人填写以下各栏		备注
会计主管（签章）	经办人（签章）	纳税人（签章）	代理人名称		代理人（签章）
			代理人地址		
			经办人	电话	
以下由税务机关填写					
受到申报表日期			接收人		

4.填制税收缴款书（表6-26）

表6-26

中　华　人　民　共　和　国

税　收　通　用　缴　款　书

桂缴　　　　号

注册类型：　　　　填发日期：　　年　　月　　日　　征收机关：

缴款单位	代　码		预算科目	编　码	
	全　称			名　称	
	开户银行			级　次	
	账　号		收款国库		

税款所属时期：年 月 日至 年 月 日　　　　　税款限缴日期：　年　　　月　　　日

品目名称	课税数量	计税金额或销售收入	税率或单位税额	已缴或扣除额	实缴金额										
					亿	千	百	十	万	千	百	十	元	角	分
金额合计(大写)															

缴款单位(人)(盖章)经办人(章)	税务机关(盖章)填票人(章)	上列款项已收妥并划转收款单位账户。国库(银行)盖章　　年　月　日	备　注：

第一联（收据）国库（银行）收款盖章后退缴款单位（人）作完税凭证

逾期不缴按税法规定加收滞纳金。

实验九 ▶ 契税

【业务6-15】某企业与某公司在2014年5月签订一份购房合同，面积为8 000平方米。房屋地处前进路180号，并于当年8月份办理了产权转让手续，成交价格为6 000万元。当地规定的契税税率为4%。

要求：

1.计算该企业应纳的契税。

2. 进行会计处理。

3. 填制纳税申报表（表6-27）

表6-27 　　　　　　　　　　　　契税纳税申报表

纳税人编码：□□□□□□□□□□□□□□□□□

税款所属时间：　年 月 日　　　　　填表日期：　年 月 日

纳税人名称			纳税人性质		邮政编码		电话号码	
地址			开户银行		银行账号			
不动产种类		合同签订时间		年　月				
		土地、房屋地址						
		权属转移形式						
		数　量				平方米		
		成交价格		大写		小写		
		评估价格		大写		小写		
税率								
减免税额		大写			小写			
应纳税额		大写			小写			
备注		出让人名称				出让人性质		
		出让人地址						
纳税人签章			法人代表签章		经办人员签章			

（以下部分由征收机关负责填写）

征收机关收到日期		接收人		审核日期		审核人签章	
审核记录			征收机关签章				
限　年 月　日前缴纳税款							

4. 填制税收缴款书（表6-28）

表6-28

中 华 人 民 共 和 国

税 收 通 用 缴 款 书

桂缴　　　号

注册类型：　　　填发日期：　年　月　日　　征收机关：

缴款单位	代　　码		预算科目	编　　码	
	全　　称			名　　称	
	开户银行			级　　次	
	账　　号		收款国库		

税款所属时期：　年 月 日至 年 月 日　　　　税款限缴日期：　年　　月　　日

品目名称	课税数量	计税金额或销售收入	税率或单位税额	已缴或扣除额	实缴金额										
					亿	千	百	十	万	千	百	十	元	角	分
金额合计(大写)															

缴款单位(人) (盖章) 经办人(章)	税务机关 (盖章) 填票人(章)	上列款项已收妥并划转收款单位账户。 国库(银行)盖章　　　年 月 日	备　注：

逾期不缴按税法规定加收滞纳金。